Gütersloher Taschenbücher/Siebenstern 1426

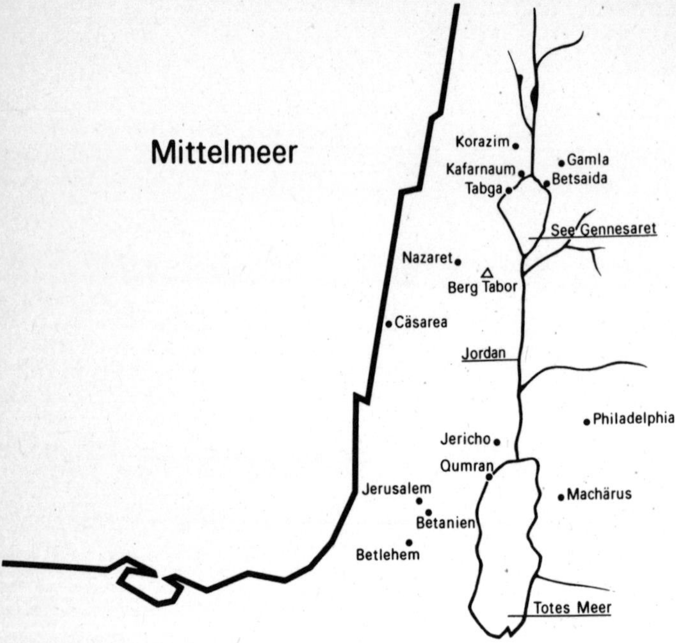
Mittelmeer
Korazim
Kafarnaum
Tabga
Gamla
Betsaida
See Gennesaret
Nazaret
Berg Tabor
Cäsarea
Jordan
Philadelphia
Jericho
Qumran
Jerusalem
Betanien
Betlehem
Machärus
Totes Meer

Wolf-Rüdiger Schmidt

Der Mann aus Galiläa
Suche nach einem Unbekannten

Mit Interviews mit
Gerd Theißen
Elisabeth Schüssler-Fiorenza
Schalom Ben-Chorin

Gütersloher Verlagshaus
Gerd Mohn

Originalausgabe

CIP-Titelaufnahme der Deutschen Bibliothek

Der **Mann aus Galiläa** : Suche nach einem Unbekannten
Wolf-Rüdiger Schmidt. Mit Interviews mit Gerd Theissen ... –
Orig.-Ausg., 2. Aufl., (11.–17. Tsd.). –
Gütersloh : Gütersloher Verl.-Haus Mohn, 1991
(Gütersloher Taschenbücher Siebenstern ; 1426 : GTB-Sachbuch)
ISBN 3-579-01426-9
NE: Schmidt, Wolf-Rüdiger; GT

ISBN 3–579–01426–9
2. Auflage (11.–17. Tsd.), 1991

Umschlagentwurf:
Dieter Rehder, Kelmis/Belgien, unter Verwendung eines Fotos »Steinerne Treppen, die vom Kidrontal auf den Berg Zion führen, wo Jesus nach der Überlieferung mit seinen Jüngern das Passamahl aß«,
von Erich Lessing (© laenderpress, Düsseldorf).
Gesamtherstellung: Clausen & Bosse, Leck
Printed in Germany

Inhalt

Vorwort

Ein Journalist ist ein Journalist. Er lebt zunächst vom Tag, vielleicht vom Monat, seltener vom Jahr. Beschäftigt er sich mit Geschichte, mit Jahrhunderten oder Jahrtausenden, bringt er Dinge zusammen, die für den jeweiligen Spezialisten fragwürdig sind. Verbindet er gar in journalistischer Neugier Geschichte und »alte« Religion, wird es manchem zuviel.

Das folgende ist ein Tagebuch, eine Art Produktionsprotokoll. Ein Fernsehredakteur entscheidet sich nach zögernden Vorüberlegungen und begründeter Skepsis, eine Filmdokumentation über die christliche Ursprungsgestalt Jesus von Nazareth zu recherchieren und schließlich zu drehen. Die Annäherung ans Thema zieht sich über Monate hin, die Realisation erweist sich als langwierig. Persönliche Bedenken wachsen, die Last vorangegangener Vorurteile wiegt schwer. Eigene Glaubenspositionen müssen neu bearbeitet werden.

Und überhaupt: Jesus von Nazareth – ist das nicht zu kompliziert, zu fromm, zu subjektiv, zu finster, zu festgelegt, zu irreführend, zu langweilig?

Ich habe es dennoch versucht. Die Stufen der Annäherung wurden zunächst ohne jede Veröffentlichungsabsicht in einer Tagebuch-Notiz festgehalten. Das sollte und konnte kein wissenschaftliches Protokoll werden. Aber wissenschaftliche Vergewisserung durfte nicht fehlen.

Im Fortgang entwickelte sich Faszination. Über Jesus und seine Bewegung können wir heute mehr wissen, als noch vor 30 oder 50 Jahren. Archäologie und Landeskunde spielen dabei eine Rolle, aber auch neue Texte und deren Interpretation, schließlich der Abbau alter dogmatischer Festlegungen. Besonders der jüdisch-christliche Dialog weitet den Blick für reale religionsgeschichtliche Zusammenhänge. Mit Verblüffung stellte ich gegen eigene Vorurteile am Ende fest:
Jesus von Nazareth,
das ist für die Christenheit zwar der Erlöser,

aber er war auch ein Mensch.
Er gehört nicht nur der Kirche,
sondern auch der Menschheit,
nicht nur den Frommen, sondern auch den Skeptikern.
Er ist nicht nur ein Subjekt des Glaubens,
sondern auch Teil der Geschichte.
Er ermöglicht nicht nur eine archetypische Existenzdeutung,
sondern er öffnet Perspektiven einer evolutiven Weltsicht.

Ein Versuch ist das folgende also. Es soll nicht vorrangig Theologie im engeren Sinne sein, nicht nur Archäologie, nicht biblische Geographie allein und auch nicht nur journalistische Reportage. Vielmehr ist es von jedem etwas. Die Tagebuchform wurde beibehalten. Die Notizen sind nur geringfügig gegenüber der täglichen Erstniederschrift aufeinander abgestimmt. So bleibt der spontane Eindruck, die fortlaufende Recherche und die begleitende Überlegung.

Am Ende stehen drei Interviews mit wissenschaftlichen »PartnerInnen«, von denen ich als Journalist im Laufe der Produktion besonders viel gelernt habe.

Wolf-Rüdiger Schmidt

1.
Annäherungen an die vergessene Jesusfrage

Israel – nur vier Stunden Flugzeit

2. Mai

Gestern abend habe ich »Bruder Eichmann«, das Theaterstück von Heiner Kipphard, gesehen. Ich wußte nicht, wie bürgerlich, ja moralisch-christlich Eichmann war. Kipphard zerstört den Mythos vom »Unmenschen Eichmann«. Eine ganz normale Verwaltungskarriere.

Wie konnte so etwas möglich werden? Seitdem ich als 14jähriger den Film »Nacht und Nebel« gesehen habe, kann ich es nicht fassen, was geschehen ist. Die Rede vom »Untermenschen«, der Wahnsinn in Normalgestalt. Der Judenhaß der christlichen Tradition. »Sie haben den Herrn getötet«, »Blut komme über ihre Kinder und Kindeskinder« – gemeint sind die Juden. Der geistigen Entmachung und Abwertung des jüdischen Volkes folgte die soziale, politische, menschliche. Am Ende Adolf Eichmann.

Jesus, der Rabbi, Wanderprediger und Prophet, war Jude. Das weiß ich seit vielen Jahren. Wer nur den auferstandenen, den erhöhten »nachösterlichen« oder auch den symbolischen Jesus vor Augen hat, kann natürlich auf Jesus als den »Ur-und-Nur-

Juden« verzichten. Das schlimme Versagen des Christentums in seinem Wahn von Mehrwertigkeit gegenüber dem Judentum hängt damit zusammen.

Jesus hatte eine Geschichte, die historisch und weltgeschichtlich mit der Geschichte des jüdischen Volkes verbunden ist. Eine Geschichte, die innerhalb einer bestimmten historischen Zeitspanne zwischen 4 vor der Zeitrechnung und dem 7. April des Jahres 30 als ein reales Geschehen anzusiedeln ist.

3. Mai

Israel steht unmittelbar bevor. Nach zwei Besuchen im letzten Sommer und an Weihnachten fühle ich mich sehr vertraut, fast zu vertraut mit diesem Land voller Gegensätze, Unstimmigkeiten, Schönheiten.

Israel verändert Menschen. Alte Fragen stellen sich neu. Mythologische Begriffe bekommen Realität und sind plötzlich mythologie-feindlich. Morgen abend werde ich im Lutherischen Hospiz sein. Eine Insel im Zentrum der Jerusalemer Altstadt.

4. Mai

Nach einem verspäteten Aufwachen schaffe ich es gerade noch rechtzeitig. Das Flugzeug ist bis zur letzten Reihe besetzt. Was wollen all die Leute in diesem Land?

Merkwürdige Stimmungsänderung, je näher wir nach Israel kommen. Es sind noch keine vier Stunden Flugzeit. Ich möchte irgendwann mit dem Schiff durch das Mittelmeer nach Israel fahren. Das haben die früheren getan. Manche wollten etwas finden, was sie nicht finden konnten. Andere wollten etwas verteidigen, was nicht zu verteidigen war.

Das trockene Land. Ich erinnere mich an die erste Ankunft in Israel vor einigen Jahren. Damals hatte ich Angst vor Terror, Anschlägen, Gewalttätigkeiten. Bald merkte ich, daß der wirkliche Alltag Angst nicht zuläßt.

Israel ist in meiner Gefühlswelt etwas maßlos Ambivalentes. Ein Traum, der Inbegriff des Wichtigen, des Geliebten – tatsächlich –, aber auch die Frage, ob das Land und mein Erleben diesen Erwartungen standhält.

Ich erzähle den Kollegen aus der Geschichte dieses dreitausendjährigen, ja viertausendjährigen Erdabschnittes. Dabei merke ich ihre sehr normalen Reaktionen.

Jetzt sitze ich im Hospiz, über einer vieltausendjährigen Stadtgeschichte, vermutlich direkt über der alten Hasmonäer-Mauer. In der Nachbarschaft hat man große Teile dieser vorchristlichen Stadtmauer 15 m unter dem heutigen Niveau gefunden. Der Mensch ist flüchtig, hinterläßt einiges, aber von ihm selbst bleibt nichts übrig. Hunderte von Generationen unter mir, und jetzt ist Schweigen.

5. Mai

Heute beginnen wir mit den Dreharbeiten in En Gedi. Es geht um eine Feiertagssendung zum Thema »Wasser und Wüste«. En Gedi ist Teil einer Oase am Toten Meer. Ringsum die Judäische Wüste. Hier könnten – so vermutet man – einige der Psalmen Davids entstanden sein. Wieder frage ich mich nach den Menschen. Wo sind sie geblieben? Die benachbarte Oase Jericho ist mit großer Wahrscheinlichkeit die älteste Stadt der Welt. 9000 Jahre. Ist die biblische Geschichte ablösbar von dieser Landschaft? Um Spuren zu entdecken, muß man etwas mitbringen. Es führt keine direkte, zwingende Linie zum Vergangenen, mögen die Fakten auch noch so deutlich sein.

»Es gibt den einen Gott ...«

6. Mai

Mit Reuven Fischermann, einem alten Bekannten, sitze ich auf einem Felsen über dem Wadi Kelt auf dem Wege von Jerusalem nach Jericho. Zwischen den beiden Städten liegen tausend Meter Höhenunterschied. In der Regenzeit sind Wadis reißende und tödliche Flüsse, ansonsten Wüste wie die Judäische Wüste ringsherum. Reuven ist ein blonder dänischer Jude, hat große Kinder und begleitet als gelernter Diplomingenieur für Wasserwirtschaft Besucher in Israel. Die Schönheit dieses ausgetrockneten Flußbettes ist überwältigend. Über der Dürre ein Grünstreifen, unvermittelt und stark abgegrenzt, quer über die eine Talseite.

Ganz unten im Tal liegt an bedrohlichen Felswänden das St.-Georgs-Kloster aus dem 6. Jahrhundert. Reuven meint, es gäbe Menschen, denen sei das gleichgültig. Für ihn seien diese Bilder wie das Leben ein Wunder. Wir verstehen uns.

Blutig ist der Weg zwischen Jerusalem und Jericho. Tausend Jahre lang wurden Pilger überfallen, ausgeraubt, getötet. Eine Stelle am Weg heißt »Der Rote Felsen«.

Die Erde ist vergeßlich. Sie hinterläßt nichts, nicht viel vom Menschen und seinen Leiden. Auch Israel ist vergeßlich, obwohl das Erinnern zu seinem Wesen gehört. Gegen Vergeßlichkeit steht der verzweifelte Versuch, das Frühere wieder hervorzuholen, zu rekonstruieren. Archäologie als Aufstand gegen die Vergeßlichkeit. Aber es wird über die Vergänglichkeit hinaus nicht viel zu dokumentieren geben. Dieses wenige ist allerdings schon erstaunlich genug.

Spät am Nachmittag besuche ich Michael Krupp, der seit 20 Jahren in Israel das jüdisch-christliche Gespräch wie kaum ein anderer fördert. Er hat ein Kontaktstudium für deutsche Studenten aufgebaut. Sein Forschungsschwerpunkt liegt in der reichen rabbinischen Literatur, die das Judentum nach seiner Vertreibung aus dem Lande entwickelt hat.

Michael Krupp hat – so denke ich – das wunderbare Privileg, theologisch das zu tun, was er für wichtig hält. Er meint, in der deutschen theologischen Wissenschaft sei die Kenntnis des Judentums unterentwickelt. Deshalb sei für unsere christliche Tradition die Gestalt des Jesus aus Galiläa nicht mehr zu erkennen. Wir wüßten nichts von dem Davor und dem Danach.

Später sitze ich im »Rainbow«, einem jüdisch-christlichen Gesprächskreis. Ein katholischer Professor referiert über Kierkegaard, den dänischen Philosophen des 19. Jahrhunderts und Wegbereiter des Existentialismus. Nach jahrelanger Unterbrechung des

Nachdenkens über Kierkegaard wird mir klar, wie sehr hier Glaube selbst zum Thema wird, ohne daß Glaube »an wen« bedacht werden muß. Ist das nun besonders nahe zur Verkündigung Jesu vom nahenden Gottesreich oder ist es besonders fern davon?

Anschließend unterhalte ich mich mit dem Jerusalemer Religions-Wissenschaftler Professor Talmon. Ich frage ihn, ob es eine jüdische Identität gibt, die gleichzeitig die alten jüdischen Gottesvorstellungen in der Sprache unserer Zeit ausdrücken kann. Talmon zögert und bejaht schließlich, aber wichtiger sei ihm, daß es eine jüdische Identität gibt, auch wenn man nicht mehr glaubt. Das Judentum brauche keine explizite Gotteslehre. Es habe auch keine Theologie, und wenn doch, dann sei diese zum Verständnis für die Christen eigens geschrieben worden.

Die eigentliche religiöse Frage sei im Judentum die Treue zu einer bestimmten Lebenshaltung. Gott sei dabei das selbstverständliche Hintergrundwissen, das nicht ausdrücklich zum Thema werden müsse.

Ich denke, das könnte auch für Jesus, den Juden damals, gegolten haben. Der Hintergrund war ein anderer, auch wenn es erst 60 Generationen her ist.

7. Mai

Wir fahren heute in den Negev, ein absolutes Wüstengebiet südlich von Bersheba. Auf dem Weg zu unserem Teamwagen erzähle ich unserem Begleiter Reuven von meinem gestrigen Gespräch mit Professor Talmon. Während wir die Davidstraße zum Jaffator gehen, meint Reuven, er kenne keine andere jüdische Gottesaussage als diese: »Es gibt den einen Gott, von Anfang bis zum Ende, immer.«

Gegen die Wüste hat der Mensch seit Jahrtausenden gearbeitet. Er hat Handelswege abgesichert und Stützpunkte geschaffen. Aber er mußte der Wüste auch Nahrung abzwingen. Wir drehen im Wadi Maschasch, wo die Nabatäer, ein antiker Volksstamm, vor zweitausend Jahren mitten in der Wüste ein System von »Sturzflutfarmen« aufgebaut haben. Sie konnten damit den seltenen, aber doch einmalig intensiven Regen in der Wüste auffangen. Heute beginnt man in Israel das alte System neu anzuwenden. Phantastisch, wie plötzlich mitten in der Wüste durch eine entsprechende Terrassierung Regen eingefangen wird und Früchte, Bäume, Wein und Gemüse wachsen können.

Aus der Spannung zwischen Wüste und fruchtbarem Ackerland ist Tausende von Jahren davor der Glaube Israels entstanden. Dürre und Wasser, Entzug und Fülle. Konzentration auf den Einen und Hoffnung auf das Glück einer wasserreichen Oase.

Nur Einer konnte durch die Entbehrungen hindurch zur Fülle führen. Nur Einer konnte erretten. Der Ursprung des Monotheismus liegt in der Wüste. Die Erfahrung des Größeren und Anderen wächst aus der Erinnerung an das Nomaden- und Pilgerleben. Erst im fruchtbaren Kanaan und mit der Erfahrung der Ernte, des Überflusses, des Wachsens und Gedeihens konnte Israel sein Verhältnis zum Schöpfer-Gott klären. Der Erretter und Führer aus der Wüste war deutlicher. Deshalb hat die jüdisch-christliche Tradition es bis heute schwer mit der Schöpfung, dem »zweitrangigen Thema«.

9. Mai

Heute ist Sabbat. Der Autoverkehr ist gering. Wir fahren erneut zum St.-Georgs-Kloster in das Wadi Kelt. Der Wasserlauf, das grüne Bambuswäldchen, Vogelgeschrei, Ziegen, die zum Trinken über die steilen Felswände hinuntersteigen. Ein Kloster seit 1500 Jahren. Niemals war die spirituelle Tradition in der Wüste am schmalen Lauf des Baches unterbrochen. Wasser und Geist gehören zusammen, denke ich.

Mittags lese ich Schalom Ben-Chorin, den Religionsphilosophen. Seine charmante Art, in die Geheimnisse des Judentums einzuführen, rücken Judentum und Christentum auf eine sehr angenehme, fast schmerzfreie Weise dicht zusammen. Ben-Chorin weiß, was er tut. Ich merke bei der Lektüre dieses Autors, daß die enge schriftgebundene Argumentation manche skeptische Frage relativiert. Bleibt die grundsätzliche Frage nach der Religion und der Möglichkeit des Glaubens überhaupt offen?

Die alten Zweifel tauchen auf. Ist der kurzfristige Bezug zu einer bestimmten Tradition für das skeptische Bewußtsein des heutigen Menschen erträglich? Warum die Geschichte und warum gerade diese Geschichte? Natürlich sind wir mitteleuropäischen Christen Gewächse des jüdisch-christlichen Denkens. Aber was ist die Menschheit, die Menschheit im Ganzen der Wirklichkeit, was ist diese Religion im Kontext all der anderen Religionen?

»Vor 2000 Jahren«

11. Mai

Die Dreharbeiten in der Leo-Baeck-Schule in Haifa verlaufen einfacher als vermutet. Die jungen Israelis strahlen eine starke Vitalität aus. Sie sind modern, offensiv und von überwältigender Unterschiedlichkeit.

Nach der Zerstörung des jüdischen Tempels vor 2000 Jahren und nach der Zerstreuung des Judentums bis hin zur Staatsgründung von 1948 wird dieses Volk, wenn es von Gott spricht, wohl nie mehr anders reden können als in geschichtlichen Perspektiven. Gott in der Geschichte: der die Treue hält über die Generationen hin, der sein Volk wieder zu etwas macht, was es schon einmal war. Dies gilt auch dann, wenn das »Volk« zu einer weltlichen Nation wird, die für sich keine anderen ethischen und religiösen Maßstäbe beansprucht als jede andere Nation. Ist es für uns erlaubt zu fragen, ob eine besondere Geschichtserfahrung, die notwendigerweise den Holocaust und die neue nationale Identität umfaßt, eine Öffnung zur menschheitsgeschichtlichen Dimension dieses Gottes oder gar zu einer kosmischen ermöglicht?

Bei der abendlichen Lektüre einer historischen Jesusuntersuchung von H. V. Mendelssohn wird mir wieder deutlich, wie kritisch die politische Lage vor, während und nach der Zeit Jesu war. Es war eine Umbruchsituation, die zwischen einem alten und neuen Zeitalter spürbar wurde. Die Evangelien haben in dieser Situation vieles ausgeblendet, spiritualisiert und wohl auch – wie wir wissen – geschönt. Berichte und Interpretationen von Personen und Ereignissen folgen stets bestimmten Interessen. Mendelssohn zeigt aus einer jüdischen Perspektive, wie der historische Jesus auch ein Stück der damaligen jüdischen Rebellion gegen die Römer und gegen eine bestimmte Form des Tempel-Verständnisses war. Das ist gewiß nichts Neues.

Das »Ich aber sage Euch« ist Widerstand, Protest und Verweis auf das Religiöse gegen Verrechtlichung und Sakramentalisierung des Gottesverhältnisses. Jesus lebte und lehrte als Jude ein menschheitsgeschichtlich neues Gottesverhältnis, das aus der Rebellion gegen eine bestimmte Form von Herrschaft erwächst. Bis in unsere Zeit wird dies als gefährlich empfunden. Die konkrete Geschichte, die dazugehört, deren Spuren hier in Israel zugleich mühsam und offen gegenwärtig sind, kann man vergessen, wenn sie begriffen sind. Die Durchsetzungskraft liegt in der Konsequenz, mit der eine historische Lage spirituell zu einer menschheitsgeschichtlichen Erfahrung erweitert wird.

Sollte ich nicht doch über eine filmische Dokumentation zum »historischen Jesus« auf dem Hintergrund der damaligen weltgeschichtlichen Situation nachdenken? Zweifel tauchen auf. Darf man sich erneut ein Bild vom historischen Jesus machen, selbst wenn geschichtliche Zusammenhänge heute deutlicher sind als vor 30 oder 40 Jahren? Wenn die Texte von Qumran, die Ausgrabungen am Tempel, das neue Wissen von den frühen Synagogen, neue Einsichten eröffnen? Das konkrete Land Israel ist eine Aufforderung, die verarbeitet werden muß.

Ich blicke vom Schreibtisch über die vielen flachen Dächer hinunter zum Tempelberg, wo seit über zwölfhundert Jahren der islamische Felsendom mit einer wunderschönen goldenen Kuppel steht. Er wurde auf dem Tempelplatz des Herodes errichtet, dem Tempel zur Zeit des Jesus von Nazareth, und dieser wiederum auf dem Gelände des Tempels von David und Salomon. Das war vor gut dreitausend Jahren. Die Menschen starben, die Steine blieben und auch manche der alten Phantasien und Hoffnungen sind damit vergangen. Aber es war reale Geschichte, die sich hier ereignete, und nicht nur ein Bericht, der in der erfüllten Spiritualität frommer Schreiber entstand.

Über das Kidron-Tal hinweg sehe ich drüben den Garten Gethsemane und den Ölberg. Dort gibt es heute noch den Hain mit Olivenbäumen, die bereits vor zweitausend Jahren ihre knorrigen Wurzeln in den steinigen Boden trieben.

Aber ich weiß natürlich, daß ich mit dem Gang durch die »Old City of Jerusalem« noch immer nicht das Jerusalem zur Zeit des Jesus von Nazareth vor Augen habe. Dazwischen liegen Phasen der totalen Zerstörung, die Römer, die Araber, die islamische Herrschaft, die Kreuzfahrer, die Mamelucken im hohen Mittelalter, das osmanisch-türkische Reich bis 1918, dann die Engländer. Und seit 1948 der Staat Israel ...

Hier hat vor 2000 Jahren jemand namens »Jesus« gelebt. Von ihm ging offensichtlich so viel innere Energie und Lebensdeutung in einer Zeitenwende aus, daß aus seinem Handeln, Reden und aus seiner Geschichte ein neues soziales Gebilde, eine Gemeinschaft, genannt »Kirche«, entstand, zuerst gegen öffentliche und staatliche Kräfte, später als Garant und Rückhalt neuer politischer Herrschaft und Unmündigkeit.

Eine helle und dunkle Geschichte, die immer wieder ihren Ursprung in dem Juden Jesus von Nazareth und dessen Geschick erkannte und verleugnete.

Jesus – die Geschichte hinter den Geschichten

12. Mai

Nach dem Frühstück und vor den nächsten Dreharbeiten gehe ich noch einmal zum Tempelberg hinüber. Es ist noch ruhig in der Stadt. Die ersten Touristen ziehen vor der Omajaden-Moschee ihre Schuhe aus, um eingelassen zu werden. Sie alle wollen den mächtigen Felsen betrachten, der in der Mitte des goldüberkuppelten Felsendomes liegt. Hier soll Abraham, der Glaubensvater der drei monotheistischen Religionen Judentum, Christentum und Islam, die göttliche Befreiung vom archaischen Menschenopfer erfahren haben.

Ich ruhe mich auf einem Mäuerchen ganz am Rande des Tempelgebäudes aus und blicke über die Stadt hinweg zur Sonne. Ein arabischer Wärter kommt, pfeift und winkt, fordert mich zum Gehen auf. Ich verstehe nicht und erwidere, daß hier zu sitzen nicht verboten sei. Nein, weitergehen. Beten sei hier für andere Religionen nicht erlaubt. Eine Religion, die der anderen das Gebet verbietet: eine Jerusalemer Merkwürdigkeit, die das tödliche Nebeneinander und Gegeneinander der alten Religionen spürbar macht.

Nach den Dreharbeiten am Mittag und Abend sitze ich im Garten des lutherischen Hospizes, sehe die Grabeskirche und den vollen Zitronenbaum neben mir, um mich dann weiter in die historische Leben-Jesus-Literatur hineinzulesen.

Ich weiß, daß seit gut dreihundert Jahren eine kritische Bibelwissenschaft *hinter* die biblische Geschichte leuchten möchte. Seit dieser Zeit hofft man, »die Geschichte hinter der Geschichte« zu finden, also den historischen Jesus zu rekonstruieren. Das Johannes-Evangelium scheint dazu nur begrenzt geeignet zu sein, so wurde immer wieder gesagt. Es ist etliche Jahrzehnte nach Jesus abgefaßt, auch wenn es sich auf frühere Traditionen stützt, was heute einige Historiker sogar ermuntert, dem historischen Kern des Johannes positiver gegenüber zu stehen.

Aber es fällt dem Leser des Johannes-Evangeliums auf, daß hier eine besondere Sprache gesprochen wird, eine Stilisierung. Jesus wird als derjenige beschrieben, der »vom Vater gesandt« ist, von ihm herkommt und zu ihm zurückkehrt. So spricht jemand, der über die Geschichte des Jesus von Nazareth lange nachgedacht hat, um sich und anderen das Unbegreifliche klarzumachen.

Immerhin war die Geschichte von Jesus damals etwas, das Menschen zutiefst berührte, veränderte, in Staunen und Hoffnung versetzte.

Sehr viel älter ist sicher das kürzere Markus-Evangelium. Endgültig könnte es zwischen 66–70 n. Chr. abgefaßt sein. Es erklärt vieles aus der Zeit des irdischen Jesus, das den Hörern dieser Jahre nicht mehr bekannt ist. Markus stützt sich – so haben Historiker durch feinste Textanalysen herausgefunden – vermutlich auf eine »Logienquelle« (Spruchquelle). Das ist eine Sammlung kleinerer

Texte, die als stabile, zunächst mündliche und dann schriftliche Überlieferung der Jesus-Tradition zu betrachten ist. Auch Lukas benutzt diese gemeinsame Vorlage, die wiederum, wie auch anderes »Traditions-Sondergut«, von wandernden Missionaren und Predigern gebraucht und gehütet wurde.

Tatsächlich glaube ich, daß bereits in der frühesten Traditionsbildung die massiven politisch-sozialen Hintergründe der Gestalt Jesu abgeschwächt wurden.

Bei Paulus wird dies besonders deutlich. Den Heidenchristen, also Römern und Griechen, sollte die indirekte Einbindung Jesu in die antirömische Befreiungsbewegung nicht allzu deutlich werden.

Erneut frage ich mich, ob der Glaube an den *einen* Gott im Judentum nicht doch sehr viel konsequenter durchgehalten ist als in den Evangelien und bei Paulus. Der monotheistische Gott, der nahe ist und sich entzieht, der prophetische Kritik ermöglicht, um seine Einzigartigkeit gegen Sakramentalisierung, Verrechtlichung und Verdinglichung in der unergründlichen Erfahrung des Geheimnisses zu wahren, ist die eigentliche Kraft des Judentums – trotz vielfältiger weiterer Entwicklung.

In dieser Tradition steht der Rabbi, Rebell und Prediger aus Nazareth. Seine besondere Kraft muß seine Unmittelbarkeit gewesen sein, seine Feindesliebe, sein Durchschauen und Nahe-Sein, aber auch sein apokalyptischer Hintergrund, der in den zweitausend vergangenen Jahren keineswegs erledigt sein muß. Die Bedrohung des Mensch-Seins ist nicht weniger verschwunden als in den brutalen Machtvorgängen des auslaufenden römischen Imperiums. Aber wie wurde dieser Rabbi, der Verkündiger des nahen Gottesreiches, zum Verkündigten, zum »Sohn Gottes« und schließlich zur zweiten Person der Trinität? Da hilft zur Erklärung nur die weitere geschichtliche Entwicklung. Aber warum muß diese Entwicklung mitgeglaubt werden? Könnte sie zunächst nicht nur Ausdruck der Bemühung sein, das Geheimnis Gottes unter neuen sprachlichen und intellektuellen Bedingungen zu umschreiben? Die Bemühungen des menschlichen Geistes um den Geist des Ganzen ... das endet wohl bei Hegel?

Jetzt höre ich auf. Es ist gleich Mitternacht.

13. Mai

Die Idee, eine Fernsehdokumentation zum Thema »historischer Jesus« zu machen, läßt mich nicht los. Nach dem Abendessen lese ich lange in dem wissenschaftlichen Sammelband »Die Frage nach dem historischen Jesus«. Alte Aufsätze des Tübinger Neutestamentlers Ernst Käsemann fallen mir dabei in die Hand, Thesen auch von Rudolf Bultmann aus dem Jahre 1926 und schließlich Herbert Braun, der originelle Professor für Neues Testament aus Mainz. Ich erinnere mich, daß Braun seine Studenten in den 60er Jahren immer wieder auf den realen, vergangenen Menschen Jesus von Nazareth hingewiesen hat.

Die historische Frage nach dem Juden Jesus sei legitim. Was wir Heutige von diesen Damaligen begreifen könnten, sei etwa die Einheit der radikalisierten Gesetzespredigt Jesu mit seiner Sicht einer radikalen Gnade, also die verschärfte Forderung des Gesetzes und die schrankenlose Zuwendung und Annahme des Menschen. Das war die Beschreibung einer Haltung, die auch abgelöst vom realen, historischen Hintergrund denkbar wäre.

Stärker noch hat mich Rudolf Bultmann seinerzeit davon abgebracht, die historische Fragen nach dem »Jesus aus Nazareth« zu stellen. Immer noch habe ich Bultmanns Aussage vor Augen, daß für Jesus »das-Daß-des-Gekommen-Seins« ausreiche. Es reicht also zu wissen, *»daß«* er gelebt hat. Daß *»Wie«* war angesichts des Traditionsmaterials unerheblich. Es war geradezu verboten, danach zu fragen, »Wie er tatsächlich lebte«.

So beschreibt die uns vorliegende biblische Jesusüberlieferung nach Bultmann gerade nicht den historischen Jesus in seinen authentischen Aussagen und Handlungen, sondern Jesus als den Christus, den menschgewordenen, gekreuzigten und auferstandenen Gottessohn: »Man darf nicht hinter das Kerygma zurückgehen«.

Das galt für eine ganze Theologengeneration und war ohne Frage auch eine wichtige Einsicht. Zugleich war damit historische Resignation angesagt.

Wenn ich jetzt als Fernsehjournalist der verführerischen Idee einer filmischen Dokumentation erliege – und das in der ganz anderen historischen Situation des »Heiligen Landes« –, müßten eigentlich von Bultmann her Warnsignale blinken.

An diesem Abend stoße ich auch auf den heute über 80jährigen Tübinger Neutestamentler Ernst Käsemann, mit dessen Namen ein neues Interesse an der Historie Jesu verbunden ist. An ihn, den liebevollen und grimmigen Kritiker Rudolf Bultmanns, erinnere ich mich lebhaft, wenn ich alte Aussagen von ihm lese: Mag die historische Jesus-Forschung noch so problematisch und schwierig sein, so dürfen doch nicht »Resignation und Skepsis das letzte Wort behalten und zum Desinteresse am irdischen Jesus führen ...« – so bereits 1954 Ernst Käsemann in dem Beitrag »Das Problem des historischen Jesus«.

16. Mai

Zurück in Deutschland. Alles ist wohlgeordnet, üppige, grüne Vegetation, anderes Licht, anderer Rhythmus. Wie soll es weitergehen? Sollte die Frage nach dem historischen Jesus auf dem Hintergrund aktueller Erfahrungen in Israel lieber ruhen? Gibt es nicht wichtigere Themen?

Ich weiß nach dieser Israel-Reise, daß es den Jesus »an sich«, die historisch lupenreine Gestalt am Beginn des Christentums nicht gibt.

Aber was können wir im 20. Jahrhundert eigentlich anderes erwarten, als daß eine historische Gestalt stets neu interpretiert werden muß? Und dennoch muß sich auf dem Hintergrund der jüdischen Tradition, also der besonderen Weise, wie man hier von »Gott« zu reden gelernt hatte, in diesem und mit diesem Mann aus Nazareth etwas ereignet haben, das menschheitsgeschichtlich elementar und zukunftseröffnend war.

2.
Recherchieren in Israel

Jeder Stein umgedreht, jeder Buchstabe gezählt

5. November

Heute fliege ich zum zweiten Mal in diesem Jahr nach Israel. Das Land zieht an. Es wächst in der Phantasie. Im Flugzeug, überfüllt, bin ich weniger euphorisch. Erst auf der Fahrt von Tel Aviv nach Jerusalem taue ich langsam auf. Die Dämmerung ist kurz.

Was verbindet das heutige Israel mit den alten Bildern der Bibel? Ich sehe moderne Trabanten-Städte, große landwirtschaftliche Flächen. Apfelsinenhaine. Terrassierte Hänge. Ein modernes und doch fernes orientalisches Land, das mit dem Glauben der Kindheit, der europäischen Weltorientierung wenig zu tun hat. Andererseits öffnet Israel die Gefühle. Konkretionen zumindest in der Phantasie werden spürbar, die sonst den religiösen Begriffen fehlen. Abends gehe ich durch die völlig entleerte Altstadt, den Suk, die Bazarstraße zur Grabeskirche, hinunter zur Mauer, zum Tempelberg.

6. November

Nach dem üblichen Feilschen mit dem Taxifahrer lasse ich mich zum Augusta-Viktoria-Compound fahren. Das Gelände umfaßt ein Krankenhaus und eine Kirche auf dem Höhenzug des Ölbergs. Es wurde zur Zeit Kaiser Wilhelms II. von den Deutschen gebaut. Dort oben leitet Professor August Strobel das »Deutsche Evangelische Institut für Altertumswissenschaft im Heiligen Land«. Große Namen haben diese evangelische Einrichtung begleitet. Hier wurden entscheidende Einsichten aus der Forschung der biblischen Geschichte formuliert.

Strobel sitzt mir gegenüber und klagt ein wenig – mit zwinkernden Augen –, daß die neutestamentlichen Wissenschaftler die historischen Fragen so unterwertig behandelt hätten. Vieles und Bedeutendes wisse man heute, und das meiste sei eben auch für das Verständnis der biblischen Schriften wichtig. Mir fällt auf, daß Strobel nicht von »der nachösterlichen Botschaft« oder der nachösterlichen Jesusbewegung spricht, sondern tatsächlich die Zeit des Jesus von Nazareth im Auge hat. Dennoch sei diese Gestalt für ihn nur aus ihrer geschichtlichen Dynamik zu erklären, auch wenn diese Dynamik in ihrer vollen religiösen Dimension allein aus ihrem Ursprung heraus zu verstehen sei.

Jesus von Nazareth also nicht als einer, der auf einen kommenden und anderen Messias verweist, sondern der Menschensohn selbst. Das heutige Wissen über geographische Einzelheiten erlaube sehr viel mehr Vertrauen in die Genauigkeit der geschilderten Situation – so Strobel.

In seiner geräumigen Bibliothek fängt der sympathische Professor an, für mich Literatur herauszusuchen. Er gerät dabei in einen nicht endenden stundenlangen Such- und Ordnungstaumel.

Am Ende bin ich total erdrückt von Titeln, Hinweisen und Details. Jahrhunderte hat man bereits in Palästina gesucht, jede Einzelfrage behandelt, jede Quelle geortet, jeden Stein mehrfach umgedreht, jede literarische Fixierung hundertfach mit anderen Größen in Beziehung gesetzt. Ich merke, daß ich bisher über die Komplexität dieses Stückes Geschichte zu gering gedacht habe. Die neutestamentliche Historie kommt aus einer ganz bestimmten einmaligen Konstellation. Ist das alles nur aus der religionsgeschichtlichen Zuordnung der dazugehörigen Geschichte zu verstehen? Wo liegt die menschheitsgeschichtliche Perspektive?

Ich lese später, wie empfindlich, wie betroffen und überwiegend bewundernd Griechen und Römer des 2. und 1. Jahrhunderts v. Chr. auf die Juden mit ihrer Gesetzestreue und ihrem strengen Monotheismus geblickt haben. Wie hängen Monotheismus und prophetische Weltsicht zusammen? Ist beides zeitgeschichtlich vergangen, oder spricht menschheitsgeschichtlich aus diesen Erfahrungen ein Wissen, das auch unsere Situation zweitausend Jahre später erhellt?

In einem für mich zunächst merkwürdigen Büchlein unter dem irreführend erbaulichen Titel »Der Stern von Bethlehem«, das mir Prof. Strobel mitgibt, lese ich abends etwas von der weltgeschichtlichen Zuordnung der Geburt des Jesus von Nazareth. Die Antike war in der Zeit Jesu und davor von der Idee fasziniert, daß nach bestimmten Himmelsbeobachtungen – besonders der Konstellation von Mars und Jupiter – ein neues und anderes Zeitalter heraufziehe. Strobel betont dabei eine Einsicht, die ich sonst bei Theologen fast nie gewürdigt sah, daß wir nämlich »nichtige Staubkörner in der Unendlichkeit« seien. Davon habe der Evangelist Matthäus etwas gewußt.

Strobel schließt daraus: »Gottes Spuren in dieser Welt sind eben nicht nur wunderbare, sondern auch zutiefst geschichtliche«. Da verschwindet der kindlich gedachte Übervater, der »Raum-Gott« irgendwo am Ende der Welt, der Regional- und Stammesgott.

Abends laufe ich durch das völlig zur Ruhe gekommene Sabbat-Jerusalem, um zu einem jüdischen Gottesdienst zu gehen. Ich bin unsicher, ob ich mich so einfach in die Synagoge hineinsetzen darf, obwohl ich eingeladen bin. Aber alles geht reibungslos. Es ist eine Reformsynagoge, also keine orthodoxe jüdische Sabbatfeier. Die Bindung an die alten Texte der hebräischen Bibel, das gemeinsame Sprechen und Singen umgibt den Besucher wie ein Stück Heimat. Es fehlen die christlichen Symbole.

Später liege ich im Bett und frage mich, was Israel eigentlich mit meinem persönlichen Glauben zu tun haben könnte. Ist das eine erlaubte Frage: Was verbindet dieses Land und seine Geschichte mit meinem Wissen, daß ich getragen werde ...? Eigentlich nichts, denke ich. Natürlich ist es herrlich, was ich sehe und was die Phantasie dazu aufscheinen läßt: Abraham mit Isaak auf dem Felsen, über dem sich jetzt der wunderbare islamische Felsendom erhebt. Kaum dreihundert Meter von meinem Zimmer entfernt vermutlich Golgatha, die historische Kreuzigungsstelle des Mannes aus Galiläa. Gestorben für wen? Der historische Jesus, vor zweitausend Jahren, »am 7. April«, wie Strobel heute sagte?

7. November

Der Sabbat ist wirklich ein Geschenk. Ein wöchentlicher Ruhetag, der sein Gewicht behalten hat. Ich gehe nachmittags durch das jüdische Viertel der Altstadt und genieße die Luft und die ruhige Gelassenheit des Lebens. Allen ist eine immer wiederkehrende Entspannung garantiert. Wo gab und gibt es das in der Geschichte der Menschheit noch einmal, ein Ruhetag auch für Knechte und Lasttiere, für das eigene Lasttier in dir selbst? Ich esse Obst, lese und versuche erneut, den Eingangs-Schlüssel zur Topographie und Archäologie Jerusalems zu finden.

Der jüdische Ursprung und die spätere Dynamik

8. November

Früh um acht mache ich mich auf zu einer wissenschaftlich-archäologischen Tour um den Tempelberg. Eine junge Wissenschaftlerin der Jerusalemer Universität führt die kleine Gruppe. Wir laufen durch das jüdische Quartier der Altstadt und stehen an der Treppe, die hinunter zur »Western Wall«, der sogenannten »Klagemauer« führt. Dieser hohe Punkt gegenüber dem heutigen Felsendom muß seit frühester Zeit eine herausragende Bedeutung gehabt haben. Von hier aus geht der Blick vorbei am Ölberg hinab in die judäische Wüste. Und hier liegt auch das große Gelände des Tempelberges ungeschützt zur Einsicht frei.

Einige Meter weiter nach Norden ist der herodianische Palast – so höre ich – zu vermuten, der einen direkten Zugang zu dem von Herodes wieder aufgebauten Tempel der Zeit Jesu hatte. Die junge Archäologin betont die Rolle Jerusalems als Pilgerstadt für die in der Versprengung lebenden Juden. Sie erklärt, daß das jüdische Volk frühzeitig weiträumigen Kontakt mit angrenzenden Kulturen hatte. Die Expansion erforderte ein starkes Zentrum. Bereits vor 2500 Jahren war die hochgebaute Stadt der Kristallisationspunkt der Wünsche und Sehnsüchte *aller* Juden im Exil und in der Zerstreuung.

Der Tempel stellte für alle die massive Präsenz des Heiligen dar. Offensichtlich braucht der Mensch zu seinem Glauben eine begehbare Geographie und Topographie. Der heilige Bezirk und der heilige Raum als ausgegrenzter Ort, der auch dem Juden die uneingestandene Außergewöhnlichkeit des Lebens bleibend vergegenwärtigte.

Wer Jerusalem kennt und wer in Jerusalem lebt, wird dies verstehen. Vielleicht gab es ähnliche Erfahrungen im antiken Rom, im alten Griechenland. In Jerusalem ist durch die Jahrtausende hindurch der heilige Bezirk noch vorhanden – trotz aller Aufklärungen, trotz der protestantischen Entsakralisierung, trotz geschichtlicher Brüche.

Archäologie ist die Erweiterung des Lebens zurück über die Geburt hinaus. Ein Stück wird mitgelebt, ohne daß sich das eigene Leben bewegt. Sie sind alle gestorben, die hier für eine Ewigkeit zu bauen vorgaben. Und sie kommen nicht wieder, obwohl gerade hier im Kidrontal zwischen dem Ölberg und dem Tempelberg, eng besetzt mit Gräbern seit über dreitausend Jahren, der letzte Aufmarsch der Völker vor dem Jüngsten Gericht stattfinden soll – nach biblischer Tradition.

Ich merke, daß mich die Phantasie des Ortes hinwegträgt. Das ist auch abends so, als ich noch einmal durch die jüdische Altstadt gehe. Hier stimmt fast alles, eine Art himmlisches Jerusalem, enge Straßen, selbstbewußte Menschen, fremde Stimmen und doch Geborgenheit, zumindest Vertrauen und Sicherheit. Natürlich weiß ich von den Kämpfen hier, der Vertreibung und Öde, die zuletzt zwischen 1948 und 1967 über den Steinen lag.

Die Relativierung der historischen Frage in der Theologie hat vieles weggefegt. Aber es holte die geschichtliche Wirklichkeit die Theologie wieder ein. So läßt sich nicht langfristig bestreiten, daß sich eben in diesem Land eine spezifische Form der Erweiterung des menschlichen Bewußtseins durchsetzte. Mag die alte Religionssprache für uns heute fremd und abständig klingen. Was sich literarisch fixierte und später »Ekklesia«, Kirche, nannte, ist und war der Versuch, die neue Perspektive an die Nachfolgenden weiterzugeben.

Albert Schweitzer hatte durchaus recht. Jesus ist ein Fremder, der durch die Geschichte hindurch auf uns zukommt und möglicherweise an uns vorübergeht. Aber manches deutet darauf hin, daß dieser Fremde eben doch zu uns gehört, Geschwister hatte, aramäisch sprach, vielleicht auch ein wenig griechisch. Ein Mensch, der die Bedrohung des späten Lebens in die übergreifende Erfahrung eines anderen hineinnahm.

Hier in Israel wird entweder alles zur Erbauung oder alle Erbauung wird zu einem Nichts. Ich vermute, wir müssen heute erst wieder durch den erbaulichen »Christus des Glaubens« hindurch, durch die unselige dogmatische Gottessohnschaft, durch den interpretierenden Blick der Gemeinde, obwohl der so verstellend gar nicht war, um die Logik der Geschichte des Bewußtseins zu erfassen. Archäologie und Textanalyse ohne Mystik sind nichts, aber alles zusammen ergibt Erweiterung, beflügelt die Ursprache des Menschen, macht Undenkbares denkbar.

9. November

Auf dem Zionsberg gleich neben der Jerusalemer Stadtmauer studieren im Dormitio-Kloster junge Deutsche Theologie. Sie wohnen und arbeiten dort für ein Jahr. Israelische und deutsche Hochschullehrer teilen sich den Lehrbetrieb. Archäologie und biblische Geographie gehören ebenso zum Studium wie Altes und Neues Testament, Hebräisch und Griechisch.

Während meiner Recherchen habe ich von Prof. Strobel erfahren, daß die Studenten mit einigen Dozenten morgen eine neutestamentliche Exkursion hinauf ins gäliläische Land planen. Die

Gruppe will die frühen Synagogen besuchen, die in den letzten Jahren von den Israelis lokalisiert und rekonstruiert wurden. Synagogen – so höre ich heute im Vorbereitungsseminar – gab es bereits lange vor der Zeit des Jesus von Nazareth. Im Gegensatz zum Jerusalemer Tempel waren sie kein heiliger Ort, sondern eher eine kommunale und religiöse Begegnungsstätte, in der die Thora, das Gesetz und die Propheten verlesen wurden und ein Beauftragter eine Auslegung der Thora vortrug. Die Synagogen waren in Bauform, Funktion und Ausstattung eine Vorform der frühen christlichen Kirchen.

Später sitze ich in der Wohnung von Reuven F. und seiner Frau, die ich schon im Mai kennengelernt habe. Ich erzähle von meinem vorangegangenen Besuch in einer Reformsynagoge, also einer Synagoge des progressiven Judentums, das in den USA häufig anzutreffen ist. Reuven, gewiß säkularisiert und liberal, lehnt diese Form des Judentums ab. Wenn schon, dann richtig, meint er. Also orthodox. Er selbst freilich nimmt überhaupt an keinem Ritus teil, obwohl er leidenschaftlich an religiösen Fragen interessiert ist.

Irgendwie ergibt es sich, daß wir über die Moslems sprechen. Reuven schildert, was sich der historische Mohammed alles über das Judentum habe einfallen lassen. Auch habe er sich falsch erinnert. Mit dieser falschen Erinnerung an biblische Texte und Sachverhalte sei er erstaunlich erfolgreich gewesen. Ich widerspreche dieser Deutung des Islams heftig. Wenn Mohammed kein tiefes und mystisches Gotteserlebnis gehabt hätte, wäre der Islam nicht stark genug gewesen, um sich über die Jahrhunderte politisch durchzusetzen und zu entfalten. Zumindest der radikale Monotheismus, mag Mohammed ihn vom Judentum in der Diaspora gelernt haben, sei konsequent.

Ja, meint Reuven nach einer Pause, die Christen hätten es wohl mit dem Monotheismus am schwersten. Um den Dreieinigen Gott nicht ständig falsch zu verstehen, müßte man ziemlich »sophisticated« sein, sonst würden es doch am Ende drei Götter, an die man glaube. Reuven scheint dies zu beschäftigen. Schon einmal haben wir uns darüber unterhalten.

Es gibt Kapernaum und den See Genezareth wirklich

10. November

Drei Wege führen von Jerusalem hinauf nach Galiläa. Der erste wendet sich zunächst zur Mittelmeerküste und dann über die Jesreel-Ebene zum See Genezareth, dem Galiläischen Meer. Der andere geht über das Gebirge durch Samaria nach Tiberias. Er ist der nächste. Der dritte Weg verläuft unten im Jordan-Tal. Um in die Flußebene zu kommen, muß man vom achthundert Meter hohen Jerusalem etwa zwanzig Kilometer hinunter in die Jüdäische Wüste fahren, die gleich hinter dem Ölberg beginnt. Zu Fuß ist der Weg von Jerusalem in das Jordantal eine Tagestour. Die antike Straße und auch die heutige führt über Jericho, die uralte Oasenstadt, die zweihundertfünfzig Meter unter dem Meeresspiegel liegt. Ab dort wendet sich die Straße nach Norden und bleibt im heißen Jordangraben.

Ich sitze in einem Gästehaus am See Genezareth. Mit der Exkursionsgruppe habe ich Cäsarea am Meer besucht. Wir sind gegen Abend am See angekommen; es war bereits dunkel. Auf der gegenüberliegenden Seeseite sehe ich die Lichter von Dörfern und Siedlungen. Realität bricht sich im Traum: der »See Genezareth« ist für europäische Christen ein mythologischer Begriff.

Nach all den Kindheitsgeschichten, die sich mit der Erwähnung dieses Ortes verbinden, ist man zutiefst erstaunt, daß es den See tatsächlich gibt. In der Erinnerung und nach den Karten, die am Ende des Neuen Testamentes angefügt sind, müßte der See bestenfalls die Größe eines Teiches haben. In Wirklichkeit ist er ein ziemlich großer Binnensee, dessen andere Seite meist im fernen Dunst liegt.

Der Mond geht über dem Ostufer auf. Die innere Rekonstruktion des vergangenen »heiligen Geschehens« scheint mir in dieser Atmosphäre unmöglich.

Im großen Saal des Hotels speisen Touristen am üppigen Büffet. Was will die neue riesige Pilgerbewegung in Israel, was wollten die Kreuzfahrer, was suchten die christlichen Pioniere des 19. und des beginnenden 20. Jahrhunderts im »Heiligen Land«? Neben politischen Interessen und wissenschaftlichem Eifer war es vermutlich stets die Verbindung von mythologischer Erinnerung und phantastischer Realität, die Menschen in diese Gegend zog.

In Israel erlauben sich Christen – so vermute ich – häufig etwas, was ihnen sonst nicht gestattet ist. Sie verbinden eine Art Naturreligion – die tiefe Bewunderung eines Stückes bizarrer und intensiver Schöpfung – mit religiöser Erinnerung. Darauf darf sich der Christ, dem Schöpfungsfrömmigkeit mit Stumpf und Stiel ausgetrieben wurde, in keinem anderen Fall und an keinem anderen Ort einlassen. Tatsächlich frage ich mich, wie ich durch diese Urlandschaft und deren wunderbare innere Geschichte in uns zu jener Realität vorstoßen kann, die am Anfang des Judentums und des Christentums die Menschen bewegte.

11. November

Sehr früh fahre ich mit den Studenten im Bus zu einigen der zahlreichen Synagogen, die rings um den See Genezareth und in Ober-Galiläa liegen. Sie wurden in den letzten Jahren von den Israelis ausgegraben und rekonstruiert. Der junge bedrohte Staat will damit zeigen, daß dieses Land bereits vor 2000 Jahren eine reiche jüdische Geschichte hatte und somit auch heute Israel kulturell zugerechnet werden muß.

Bar'am, Meroth, Korazim, Gamla, Kapernaum: verlassene Siedlungen, uralte Mauern und Steine, neu aufgeschichtet und ergänzt. Erstaunliche Pracht kommt ans Tageslicht. Daneben verfallene Dörfer, antike hellenistische Städte. In Bar'am sehen wir neben einer achtzehnhundert Jahre alten Synagoge ein zerstörtes maronitisches Dorf, das erst 1948 während der israelischen Eroberungen im Süd-Libanon verlassen werden mußte. Die Mauern liegen so da, als seien sie bereits zweitausend Jahre verlassen. Vierzig Jahre – zweitausend Jahre. Meine Faszination angesichts alter Steine wird erschüttert.

Die Ursprungsgeschichte des Christentums und des Judentums erlaubt uns, Irrwege und Umwege besser zu verstehen. Erneut denke ich, daß in dieser Ursprungsgeschichte ein Durchbruch in der kulturellen Evolution des menschlichen Bewußtseins zu sehen ist: Die Auslieferung des Menschen an die Naturgottheit wurde durch harte Kritik an den »Götzen« gestoppt; die jüdische Hochreligion setzte sich gegenüber kanaanäischen Fruchtbarkeitsgottheiten durch; damit verbunden war die Ablehnung von Menschenopfern, die bei den Römern in Siegesfeiern bis in die Zeit des beginnenden Christentums weiter praktiziert wurden.

Zurückgewiesen wurde der heidnische Pan-Kult, dessen Spuren wir hier an einer der Jordan-Quellen erkennen. Es war wohl ein Durchbruch wie selten in der Geschichte der Religionen vorher trotz neuer Einengungen, die nicht auf sich warten ließen; denn der Durchbruch der monotheistischen Religion war zugleich der Beginn einer neuen, lang angelegten Krise. Die Welt konnte nun auch gottloser betrachtet werden. Gott selbst war weltlos. Vielleicht muß der Monotheismus in unserer heutigen Zeit vieles in aufgeklärter Weise neu zurückholen, was er einst relativiert hat. Besonders die Wertigkeit und die Würde des Lebens, die heilige Ehrfurcht vor Mensch, Tier, Pflanze und den Dingen.

Abends sitzen wir in einer kleinen, von einer leichten Brise durchströmten Gastwirtschaft an der Straße zwischen Kapernaum und Tabga. Professor Strobel gehört zur Runde, der neutestamentliche Archäologe, Professor Deissler, der Alttestamentler, eine Begleiterin und Professor L. Klein, der ökumenisch gesinnte Studienleiter der Dormitio-Abtei aus Jerusalem.

Prof. Deissler will mir im freundlichen Ton klarmachen, daß das Alte Testament nichts mit der Entgöttlichung der Welt und der Entleerung der Schöpfung zu tun habe.

Das sei ein Ergebnis der Aufklärung während der letzten zwei- bis dreihundert Jahre, eine Frucht des gottlosen neuzeitlichen Menschen. Zusammen mit Prof. Strobel versuche ich zu zeigen, daß dies nicht uneingeschränkt stimmen könne. Das Christentum habe keine Ethik über den Menschen und seine Erlösungsbedürftigkeit hinaus entwickelt, also auch keine Ethik für das nichtmenschliche Leben, für die Natur, die Tiere und die Pflanzen.

Merkwürdig, daß wir plötzlich über diese Dinge heftig streiten, während uns die faszinierenden Ausgrabungen an den wichtigsten Ursprungsstätten des Christentums an diesem Abend eher ruhig und unbetroffen lassen.

Frühe Lokaltraditionen

12. November

Tabga ist ein Ort mit üppiger Vegetation am Ende des Sees Genezareth. Ein kleines Paradies. Zweitausend Meter neben dem biblischen Kapernaum gelegen, erlaubt es der religiösen Phantasie jede Ausmalung. In dieser Gegend und Landschaft war der historische Jesus von Nazareth fraglos zu Hause. Ich vermute allerdings, daß die heutige Szenerie den Besucher eher hindert, die sozioökonomischen Gegebenheiten der damaligen Zeit zu begreifen. Soziale Entwurzelung, Armut, Hungersnöte und politische Ausbeutung haben den Alltag der Menschen vor 2000 Jahren bestimmt, wie vielfältig in historischen Arbeiten der letzten Jahre dargelegt wurde. Ich denke an das Buch von Luise Schrottroff »Jesus von Nazareth – Hoffnung der Armen«.

Die Studentengruppe sitzt am Ufer des Sees unter einem mit Palmblättern überdeckten offenen Platz. Der Fallwind vom Gebirge ist spürbar, und die Sonne brennt am klaren Himmel. Es spricht Pater Bargil Pixner, den ich gestern kennengelernt habe.

Pater Bargil ist ein katholischer Neutestamentler und Archäologe, dessen Ausgrabungen und Kombinationen bis in deutsche Veröffentlichungen hinein diskutiert werden. Er spricht von der Landschaft um den See Genezareth als dem fünften »Evangelisten«. Erst die genaue Kenntnis des Landes, der Siedlungen und der Wege erschließe dem Leser den wirklichen Hintergrund der biblischen Evangelien.

Jesus habe hier seine Hauptwirkungsstätte gehabt. Hier um Kapernaum wurden die Kranken geheilt, speiste er die Menge und hielt seine großen Reden, die später zur Bergpredigt verdichtet wurden. Hier berief er etliche seiner Jünger. Tatsächlich spricht vieles für diesen Ort. Bereits in sehr früher Zeit hatten sich in dieser Gegend zahlreiche Lokaltraditionen gebildet, die von den jungen galiläischen Gemeinden der ersten Jahrhunderte gewissenhaft gepflegt wurden. Immerhin belegt auch der Bericht einer reichen Dame namens Egeria aus Spanien, die etwa gegen 390 mehrere Monate am See Genezareth verweilte und alles genau beschrieb, daß biblische Aussagen und frühe Lokaltraditionen zueinander passen. In Tabga wurden die Reste einer schönen alten Kirche aus dem 4. Jahrhundert mit gut erhaltenen Mosaiken gefunden. Darüber steht heute die neue Kirche von Tabga, mit der die biblische Tradition der Brotvermehrung an diesem Ort verbunden ist.

Naheliegend ist es auch, daß an dieser Stelle, an der mehrere warme Quellen in dem flachen Uferbereich des Sees Genezareth fließen, ein altes Fanggebiet der Fischer war. Noch heute gilt dieser Teil des Sees als außerordentlich fischreich.

Kaum 200 Meter weiter wird eine andere biblische Geschichte lokalisiert. An einer Stelle, an der in der Tat sehr alte, nach innen und außen sichtbar in den Fels gehauene Treppenstufen in das Wasser führen, steht ein Kapelle, die Petrus geweiht ist. Hier habe sich Jesus nach seiner Auferstehung den Jüngern gezeigt, wie es bei Johannes 21 zu lesen ist. Ich habe Zweifel.

Etwa zwei Kilometer nach Osten liegt am See Genezareth das alte Kapernaum. Um die Jahrhundertwende haben die Franziskaner die verfallenen Mauerreste dieser alten biblischen Siedlung aufgekauft. Ausgrabungen brachten eine wunderschöne antike Synagoge ans Tageslicht, deren Alter für das 3. Jahrhundert angesetzt wird. Darunter liegen deutlich sichtbar aus schwarzem Stein die Ansätze einer älteren Synagoge, die aus der Zeit Jesu stammt. An diesem Ort hat der Mann aus Nazareth, wie es die biblischen Erzählungen berichten, gelehrt. In Kapernaum muß sich der Zugereiste aus Nazareth häufig aufgehalten haben, nachdem er aus seiner Heimatstadt hinunter an den See gezogen war. Hier hatte er vermutlich Anhänger und Freunde und war auf die Zustimmung des Synagogenvorstehers gestoßen. Nicht weit von der Synagoge wurden die Reste einer römischen Garnison gefunden, in der wohl ein Mann namens Jairos als Hauptmann stationiert war. Jairos hatte im Gegensatz zu den römischen Mannschaften als Offizier zur jüdischen Bevölkerung ein gutes Verhältnis. Die Geschichte von der Tochter des Jairos könnte in diesem Kontext anzusiedeln sein.

Pater Bargil Pixner berichtet überschwenglich, was er und andere in dieser Gegend alles gefunden haben und welche neuen Erkenntnisse für die biblischen Geschichten daraus erwachsen. Ich merke, daß es etlichen der Studenten ebenso ergeht wie zunächst auch mir: Es überfällt mich ein elementarer Zweifel, ob die historische Frage tatsächlich ein Gewinn für das aktuelle Leben und auch für den Glauben heute bringen kann. Wird irgendein Problem, eine Frage des Menschen oder der Gesellschaft durchsichtiger durch historische Funde?

Ich laufe allein in der heißen Mittagssonne die alte römische Straße längs des Sees von Kapernaum nach Tabga zurück. Nach diesem Vormittag ist mir eigentlich klar, daß ich keine heiligen Orte brauche. Ich weiß aber auch, daß diese liebliche Seeseite bereits in den letzten zweitausend Jahren eine überaus komplexe, vielfältige Geschichte hinter sich gebracht hat, nicht anders als vermutlich viele Orte unserer Erde, die wir ohne geschichtliches Wissen in unbekümmerter Offenheit neu entdecken.

Warum haben die Christen nicht den Mut, wenn sie schon so vernarrt in den aktuellen historischen Bezug eines überwältigenden Ortes sind und diesen sogar noch verehren, insgesamt die Erde, wie immer sich die Schöpfung im einzelnen darstellt, zu lieben, zu verehren, zu schützen, in ihrer geschichtlichen Dimension zu erfahren ...?

Die gleiche Wurzel

13. November

Heute werde ich mich in Jerusalem mit dem jüdischen Religionsphilosophen Schalom Ben-Chorin treffen. Für die nächsten Tage ist ein Interview zum Thema Juden und Christen mit ihm geplant.

Seit langem kenne ich Ben-Chorins Schriften, besonders die gute Zusammenfassung seiner Position in dem Buch »Mein Glaube – Mein Schicksal«.
Ich finde das Café Atara – »das erste Café links in der Ben Jehuda, das ist mein Stammcafé« –, es ist übervoll. Ben-Chorin ist noch nicht da. Zwei Deutsche, die ich erkenne, frage ich, ob sie Schalom Ben-Chorin schon gesehen hätten. Nein, aber er komme gewiß noch.

Und dann erscheint er am Eingang, mit Baskenmütze, klein, sehr klein, mit dicker Brille, dunklem Anzug, mit Weste und Stock. Eine außergewöhnliche Erscheinung, auch für Jerusalem. Später erfahre ich von seinem Sohn, dem Reformrabbiner, daß sein Vater erst 74 sei, aber fast nichts mehr sehen könne.

Schalom Ben-Chorin freut sich, daß ich schon da bin. Der Stock, auf den ich ihn anspreche, sei nicht das alte Erbstück seines Urgroßvaters Schlüsselbaum aus Landau in der Pfalz, über den er 1941 die schöne Geschichte vom Spazierstock geschrieben habe.

Wir finden hinten im Café einen Platz. Ich habe den Eindruck, daß fast alle, auch die Jüngeren, den alten Herrn kennen. Seine Wirkung in Israel ist jedoch eine andere als bei uns in der Bundesrepublik, wo er einer ganzen Generation von Pfarrern und Deutschen letztlich beigebracht hat, daß das Judentum keine antike und überholte Religion ist, sondern sich stetig weiterentwickelt hat. Ein eigenständiger lebendiger Glaube, der nicht identisch ist mit dem »Alten Testament« und natürlich auch nicht mit dem »Alten Bund«, den die Christen so gerne ihrem »Neuen Bund« gegenübergestellt haben.

Ben-Chorin legt die Mütze etwas umständlich auf den Stuhl des Nachbartisches. Ich sage, wir wollten zwar etwas über den Stand des jüdisch-christlichen Dialoges mit ihm drehen, aber mehr interessiert sei ich im Augenblick an dem Stichwort »Abrahamsökumene«, das ich zufällig eine Stunde vorher in einem seiner Bücher blätternd wiedergefunden hätte. Die Moslems gehören zu dieser Ökumene, die Juden und die Christen, erklärt der alte Religionsphilosoph. Die Wurzel sei die gleiche: der gleiche Gott, auch wenn sich vieles religiös und kulturell auseinanderentwickelt habe. Ich frage, wo denn die Blockierung im Gespräch dieser Religionen letztlich liege. Alle drei vertreten deutlich den Monotheismus, den Glauben an den einen Gott, der radikal gedacht und erlebt wird. Ben-Chorin weist darauf hin, daß das Gespräch derzeit vorrangig politisch blockiert sei: »Mit einem Frieden, wie auch immer, wird sich theologisch vieles ändern.«

Wir bestellen uns Kaffee und Tee, ich suche nach meinen Fragen, die ich im späteren Interview an ihn richten möchte. Ich bin etwas irritiert durch Ben-Chorins fast schon perfekte Antworten auf meine Stichworte. Hier ist alles bereits durchdacht, empfinde ich, keine Frage, die nicht schon einmal gestellt wurde. Warum es eigentlich derzeit mit dem jüdisch-christlichen Dialog nicht so recht weitergehe, frage ich. Das könne er sagen. Die erste Phase des jüdisch-christlichen Dialoges sei aus der Erkenntnis der Schuld entstanden, die zweite habe sich aus dem Staunen über den Aufbau des jüdischen Staates gespeist, jetzt komme die Existenz dran, und das sei schwerer. Jetzt gehe es bei einem erweiterten jüdisch-christlichen Dialog einerseits um die Kenntnis der eigenen christlichen Tradition, die komplizierte Geschichte des Jesus aus Nazareth und der frühen christlichen Gemeinden. Andererseits um die Kenntnis des Judentums, wie es heute gelebt wird. Das sei schwer. Der Dialog müßte jetzt theologischer werden.

Mir fällt dabei die verdrängte »Gottesfrage« ein. Schalom Ben-Chorin hat vielfach nachgefragt, ob nach dem Holocaust und den fundamentalen Leiden auf dieser Welt überhaupt noch von Gott geredet werden kann. Es habe jemand gesagt, Gott sei tot, aber es lebe der Christus. Das halte er für kurzschlüssig. Als ich weiterfragen möchte, kommt plötzlich eine stattliche Dame ins Lokal, die ihn umarmt und küßt. Er küßt zurück, es geht um Auftritte in Deutschland, Rezensionen und dergleichen. Sie sei eine große Sängerin, klassisch, ob ich nicht schon von ihr gehört hätte ...

Vom Wüstengott zum Mann aus Nazareth

14. November

Die Wüste ist das Geheimnis des Lebens vor dem Nichts und dem Ganzen. Die Wüste ist der Ursprung der Mystik. Nicht die Wüste, die wir mit dem Auto schnell durchqueren, sondern die wirkliche Wüste jenseits der Straßen. Die Wüste ist Unsicherheit, Ausgeliefertsein, Bedrohung und gleichzeitig absolute Weite, Schönheit, Konzentration.

Mit einigen Jerusalemer Studenten suchen wir die spärlichen Reste eines Klosters aus byzantinischer Zeit in der jüdäischen Wüste. Das Kloster wurde bereits im 6. Jahrhundert verlassen. Nur der arabische Name für die Ruine ist bekannt. Die Gruppe läuft die letzten Kilometer zu Fuß, das Kamerateam versucht, mit dem Jeep an das Ziel zu kommen. Wir finden alles nach einem langen Marsch. Warum zog es zu allen Zeiten Menschen, die glauben wollten, in die Wüste, warum ist der Ort des Ein-Gott-Glaubens, des Monotheismus, die Wüste?

In der Wüste begreifen Menschen, daß Gott, wenn es ihn gibt, ein einzigartiger sein muß. Keine Pflanze, kein Tier, kein Stein, sondern der ganz andere, jenseitige, der aber doch *in* allem ist, der mystische Gott. Die Wüste erlaubt es dem Menschen nicht, Nebengötter, »Götzen« zu haben. Entweder der eine oder gar keiner. Deshalb ist in den zehn Geboten, die Moses in der Wüste faßte und erhielt, das Bilderverbot so hoch angesiedelt. Du sollst dir kein Gleichnis machen.

15. November

Es ist Sonntag. Aber den gibt es in Israel nicht. Schon gar nicht in der Jerusalemer Altstadt. Und es ist November. Aber Novemberstimmung wie in Mitteleuropa kennt dieses Land nicht. In der Predigt der Jerusalemer Erlöserkirche wird der Toten gedacht. Eine Volkskirche, deutsch, wohlgeordnet, gute Musik, der protestantische Kult in dezenter Gestalt.

Der Jesus der Kirchenpredigt an diesem Sonntagvormittag ist

der leidende Menschensohn, der Sohn Gottes, in dem Gott dem Menschen seine Leidensfähigkeit vor Augen führt. Der Jesus in der Wüste, am See Genezareth, auf dem Fischerboot des Petrus, in der Gegend von Tabga und Kapernaum ist der Wanderprediger des nahen Gottesreiches, der unreine Geister austreibt, mancherlei letzte und kriegerische Auseinandersetzungen erwartet, möglicherweise politisch radikaler war, als es die späteren biblischen Schreiber zulassen konnten.

Nach den letzten Tagen am See Genezareth und der literarischen Beschäftigung mit der frühen Jesusbewegung, nach den Synagogen der ersten Jahrhunderte und dem hellen Licht Galiläas merke ich an diesem Sonntagmorgen, wie weit sich das Christentum über seine Ursprungsgeschichte hinaus entwickelt hat. Hier also hinter Glasscheiben und dicken Mauern, nur wenige Meter neben der historischen Kreuzigungsstätte des Jesus von Nazareth, findet ein deutscher Christ seine Heimat: die protestantisch-ausgeprägte, zurückhaltende und doch so selbstbewußte Gestalt evangelischen Glaubens. Die Zurückversetzung der deutschen Frömmigkeits-Kultur in das Land ihres Ursprungs hat nicht zu Abstrichen geführt, warum auch?

Religiöse Kultur und Sprache leben vermutlich weniger von ihrem theologischem Denken und bewußter geschichtlicher Vergewisserung als von der Kontinuität ihrer Riten und Formeln, ihrer liturgischen Sprache.

16. November

Ich sitze auf dem Balkon des Lutherischen Gästehauses in der Morgensonne. Gegenüber der Ölberg und der islamische Felsendom. Vor mir ein exotischer Baum, der langsam gelb wird und seine Blätter verliert.

Weil ich bis zum Besuch einer jüdischen Familie in der Neustadt viel Zeit habe, greife ich wieder einmal zu Albert Schweitzer und blättere in den letzten Seiten seiner »Geschichte der Leben-Jesu-Forschung«. Dieses Buch wurde bereits 1906 von dem späteren Urwalddoktor geschrieben. Kannte Albert Schweitzer eigentlich damals Israel?

Ich lese den mir vertrauten Theologen mit Genuß. Aber ich möchte mich über dieses Land nicht allzu schnell theologisch belehren lassen. Dennoch bringt es die Lektüre mit sich, ein wenig Boden unter die Füße zu bekommen. Kein sicheres Terrain, wohl aber die geschichtliche Linie, auf der auch heute noch die Suche nach dem Historischen verlaufen kann. Für Albert Schweitzer ist »die Geschichte der Leben-Jesu-Forschung«, die am Ende des 18. Jahrhunderts begann, ein schmerzliches und entsagungsvolles Ringen, dem wir uns als neuzeitliche Menschen ausliefern mußten. Das sei merkwürdig, denn das Urchristentum habe sich gegenüber dem Leben des historischen Jesus indifferent verhalten. Am historischen Jesus – so Schweitzer – hielt die urchristliche Zeit gerade nur einige Wundertaten, Tod und Auferstehung fest.

Ist das wirklich so, frage ich mich. Zwar hat die Verkündigung des Kommenden und die Erwartung des Endes alle Hoffenden damals so beschäftigt, daß der suchende Blick zurück kaum Gewicht hatte. Aber damit war die Dynamik des Überbrachten nicht verloren. Geschichte war eher der selbstverständliche Hintergrund. Tatsächlich scheint bei der Abfassung der Evangelien die zeitgeschichtliche Besonderheit merkwürdig stilisiert zu werden. So bleibt sie am Ende allein als überzeitlicher Rahmen im Gedächtnis.

Albert Schweitzer formulierte deshalb bereits 1905 eine Erfahrung, die auch heute auf der Suche nach den historischen Hintergründen immer wieder auftaucht. Das Erlebnis der Mauern, der Steine und Pflanzen, die Verknüpfung der Wege und des Sees in Galiläa lassen die historische Gestalt für manchen Besucher Israels plötzlich merkwürdig überkonkret erscheinen. »Und dies«, sagte Pater Bargil, »müssen die alten Treppen sein, auf denen Jesus seinen Jüngern als der Auferstandene erschien, von hier aus war er in der ganzen Bucht zu sehen.« Dazu Albert Schweitzer 1905: »Die Leben-Jesu-Forschung ... freute sich, als wieder Leben und Bewegung in die Gestalt kam ...« Aber Jesus »blieb nicht stehen, sondern ging an unserer Zeit vorüber und kehrte in die seinige zurück«.

Bruder Jesus aus jüdischer Sicht

17. November

Schalom Ben-Chorin wohnt im Norden Jerusalems in einer Seitenstraße. Er lebt dort seit seiner Einwanderung in den 30er Jahren. »Sind wir zu früh?« frage ich. Nein, er habe Erfahrungen mit dem Fernsehen und würde sich im übrigen bestens anpassen.

Ben-Chorins Arbeitszimmer ist hoch und dunkel. Überall stehen Bäume vor den Fenstern. Er habe hier ein geordnetes Chaos, erklärt er mir und verweist auf den mit Büchern, Mappen, Broschüren und Briefen vollgestopften Raum. Es gibt mit den Lampen Probleme. Ich weiß von Ben-Chorins Augenleiden. Das Licht blendet.

Die Antworten sind lang, präzis und verständlich, aber im Stile eines Statements. Nachdem wir abgebrochen haben, geht es im zweiten Anlauf besser. Besonders deutlich fällt Ben-Chorins Antwort auf die Frage aus, wie es gekommen sei, daß für ihn als Jude Jesus eine so große Rolle spiele. Für das normative und offizielle Judentum habe Jesus von Nazareth natürlich keine Bedeutung, erklärt der Religionsphilosoph. Man dürfe nicht vergessen, daß im Namen Jesu – unter Mißbrauch seines Namens – in der Geschichte unzählige jüdische Gemeinden ausgerottet wurden. Und doch gäbe es jetzt immer mehr jüdische Autoren, die sich mit Jesus von Nazareth befassen. Man könne deshalb wirklich von einer Art »Heimholung Jesu« in sein jüdisches Volk sprechen. Dazu zähle auch sein eigener Versuch »Bruder Jesus, der Nazarener in jüdischer Sicht«. Es sei Geist vom Geiste Israels, der aus den Worten, Gleichnissen, Handlungen Jesu spreche. Er sei ein überragender Rabbi gewesen, vielleicht der größte Prophet des Judentums, aber auch ein Sozialrevolutionär und gewaltfreier Befreiungskämpfer. All das zu vermuten, sei erlaubt. Sein jüdisches Leben würde ärmer, so Schalom Ben-Chorin, viel ärmer, wenn er auf die Gestalt Jesu verzichten müßte. Jesus habe vorgelebt, wie das Gesetz durch Liebe zu erfüllen sei.

Später, als wir schon fertig sind, kommen wir, am Schreibtisch stehend, auf eine offene Frage zurück. Natürlich ende für ihn die

Geschichte Jesu mit dem Tod und der Grablegung des Mannes aus Nazareth, sagt Ben-Chorin. Mit der Dreifaltigkeit könne der jüdische Monotheismus nichts anfangen. Ich verweise auf das Johannes-Evangelium und seine Lehre vom Logos, der von Anfang an in Gott sei und dann auf Jesus Christus bezogen werde. Nein, das könne nicht jüdische Theologie sein, erklärt mein Gesprächspartner. Sicher nicht, erwidere ich, aber das Christentum hätte den Übergang von einer eschatologischen Bewegung zu einer Weltkirche nicht zustande gebracht, wenn es nicht in das griechische und hellenistische Denken eingegangen wäre, zumal im ersten Jahrhundert viele Juden bereits durch die hellenistische Bildung hindurchgegangen waren. Im Judentum – so Ben-Chorin – gab es keine Aussagen über das Wesen Gottes, bestenfalls das Bekenntnis zu jenem Gott, der sich dem Menschen mit der Einsicht »Ich werde sein, der ich sein werde« erschloß.

Wie Tage vorher im Café Atara versuche ich im Interview noch einmal zu erfragen, auf welche Weise die heutige jüdische Theologie das Zeitalter der Gottesleugnung und der Gottesfinsternis bedenke, also die Unfähigkeit des modernen Menschen, überhaupt noch von Gott zu reden. Ich erinnere mich an folgende Antwort: Gott sei heute in der Tat nicht mehr mit bestimmten Orten (»Himmel«) oder gar mit der »Höhe« in Verbindung zu bringen. Eher würden Begriffe der Tiefe das ansprechen, was im Begriff »Gott« anklingt.

Jetzt beim Niederschreiben dieser Notizen bedauere ich, daß wir keine Zeit hatten, diese Sicht intensiver zu diskutieren. Ich ahne, daß die Kategorie der Tiefe für einen jüdischen Theologen einen neuen und schwierigen Denkprozeß in Bewegung setzt, wenn er Tiefe nicht einfach als Innerlichkeit interpretiert. »Tiefe« müßte eher verstanden werden als die Tiefe der langen geschichtlichen Verbindung des Menschen mit dem Kreatürlichen und der Menschheit insgesamt, eine Umschreibung des Gottes, der »in, mit und unter den Menschen und den Dingen« Gott ist. Ja, sagt Schalom Ben-Chorin, eine »theologia naturalis« – eine natürliche Theologie – sei heute nötig, eine Theologie, die die Möglichkeit der Erfahrung Gottes in den Dingen und Menschen bedenke, wie immer dann auch die Erfahrung des geschichtlich vorangegangenen Handelns des biblischen Gottes auszudrücken sei.

Die Perspektive der Sanftmut

18. November

Ich besuche zum zweiten Mal die Benediktiner-Abtei Dormitio auf dem Zionsberg. Noch einmal möchte ich mich für die wissenschaftliche Exkursion in den galiläischen Norden des Landes bedanken.

Im Gespräch mit Reinhard B., dem evangelischen Studienleiter des ökumenischen Studienkreises der Abtei, melde ich meine kritischen Fragen gegenüber der von Bargil Pixner entfalteten »Heilsgeographie« des Wirkens Jesu an. Für Reinhard B., der ein moderner und aufgeklärter Theologe ist, gibt es da offensichtlich auch einige Zweifel. Ob nicht die Urgemeinde und die Verfasser der Evangelien – so fragen wir uns – bewußt die räumliche und zeitlich-biographische Orientierung des Weges Jesu bis zum Kreuz zurückgedrängt hätten, damit sein Geschick und sein Wort für spätere Zeiten stärker hervortreten? Vielleicht hätten die frühen Christen auch ein Interesse daran gehabt, eine bestimmte geschichtliche Haltung des Jesus von Nazareth, nämlich seinen rebellischen, sozialrevolutionären Grundzug, zurücktreten zu lassen, der erkennbar eng mit konkreten Orten der damaligen Zeit verbunden war.

Reinhard B. erwähnt, daß gerade vor dem Hintergrund der gewalttätigen Zeloten die radikale Gewaltlosigkeit des Rabbi Jesus gut verständlich wäre. Die konkrete messianische Erwartung eines anderen Reiches, das den gegenwärtigen Zustand aufhebt, lasse als Gegenthese Gewaltlosigkeit geschichtlich wahrscheinlich erscheinen. Das ist plausibel.

Wir fragen uns in dem Gespräch, ob sich in der Predigt Jesu von der Nächstenliebe und in der Perspektive der Sanftmut menschheitsgeschichtlich nicht etwas konzentriert, das evolutiv eine bestimmte Reife erreicht. Wird damit nicht etwas Neues in der Geschichte der Menschheit ermöglicht?

Natürlich ging weltgeschichtlich vieles weiter wie bisher. Und die Kirche hat das ursprünglich Revolutionierende, also den Sprung des menschlichen Wissens für ein neues Zeitalter zwar aufbewahrt, jedoch nur in seltenen Fällen selbst entfaltet. Wo es aber entfaltet wurde, war es wiederum revolutionierend. Ob die Vorstellung der Inkarnation – also »Gott ward Mensch« –, auf die mich der ökumenische Studienleiter in Jerusalem als braver Theologe seiner württembergischen Herkunftskirche aufmerksam macht, eines der möglichen Gefäße zur Aufbewahrung des Neuen in Jesus von Nazareth ist, scheint mir eher eine zweitrangige Frage zu sein.

In den Worten und Handlungen des geschichtlichen Jesus von Nazareth, wie sie etwa bei Markus oder Matthäus trotz starker redaktioneller Bearbeitung auch für unbefangene Leser noch heute erkennbar sind, kommt das Besondere des Geschickes Jesu zwar deutlich zum Ausdruck, nicht jedoch der strenge Inkarnationsgedanke. Dieser wurde erst später für die Urgemeinde und die junge Kirche zu einer zwingenden Interpretationshilfe des Weges Jesu ...

Am Nachmittag besuche ich Yad-Wa-Shem, die monumentale Stätte der Erinnerung an sechs Millionen ermordete Juden. Auschwitz, Theresienstadt, Dachau. Erschütternde Dokumente aus der Zeit unserer Väter: die Juden, eine fast 2000 Jahre gewaltfrei lebende Menschengruppe, die in einer letzten Explosion menschlicher Gewaltförmigkeit ausgelöscht werden sollte: jenes Volk, aus und in dem eine neue Stufe des menschlichen Bewußtseins geschichtlich faßbar wird. Gehört das nicht zusammen? Muß sich nach Auschwitz nicht etwas elementar ändern? Menschheitsgeschichtlich liegen zwischen dem Holocaust und dem Mann aus Nazareth nur wenige Generationen.

19. November

Auch diesmal treffe ich mich mit Michael K., dem deutschen Fachmann für jüdische Literatur, Lehrer an der hebräischen Universität ... und Sammler antiker Kostbarkeiten. Er hat einen Pappkarton dabei, in dem einzeln verpackt zwei Dutzend alter Öllampen liegen. Auf meinen Tisch breitet er sie einzeln aus. Wir beginnen sie nach Alter und Wert zu sortieren. Die kleinen Tongefäße gab es zur abendlichen Beleuchtung in der Antike so häufig wie heute Glühlampen. Gut erhaltene Stücke, besonders mit Zeichen und Verzierung, findet man nur noch selten.

Die Lämpchen stammen aus Gräbern oder Hohlstellen im Schutt. Sie werden offiziell verkauft. Eines von ihnen hat ein deutliches Kreuz. Es kommt aus der byzantinisch-christlichen Zeit. Michael meint, daß das schöne Stück für die Jahre nach 350 anzusetzen sei. Ein anderes Lämpchen ist hellenistisch. Das wäre die Zeit vor Christus. Eins hat die Aufschrift »täs teotokos«, der Gottesgebärerin. Es stammt aus der Zeit früher dogmatischer Auseinandersetzungen im Christentum um die »Natur« des Jesus Christus. Dem »Gottessohn« entsprach Maria als »Gottesgebärerin«. Die Aufschrift belegt, wie schnell man in der christlichen Frühgeschichte daran interessiert war, das Besondere des Menschen Jesus von Nazareth in das Licht des ewigen Gottes zu rücken. Nur so war wahrscheinlich das Christentum in einer Umwelt voller Götter und Kulte überlebensfähig. Eine entsprechende Entwicklung und Konzentration mußten die jüdischen Gemeinden durchmachen. Überlebensfähig wurde das Judentum nach der Zerstörung des Tempels und der Auflösung der zentralen jüdischen Gemeinde in Jerusalem durch seine strenge Gesetzespflege, das Sabbatgebot, die Speisegesetze und die intensiven Thoralesungen.

Wir sitzen auf dem Balkon und blicken hinüber zum »Ort Abrahams«, zum Felsendom. Wie man eine historisch und theologisch verantwortbare filmische Jesus-Dokumentation gestalten müßte, frage ich. Ihm komme es entscheidend darauf an, sagt Michael K., Jesus als jüdisches Kind seiner Zeit herauszuarbeiten. Die Quellenlage erlaube zuverlässige Rückschlüsse. Er verweist auf jüdische Autoren wie z. B. David Flusser.

Ich erzähle von meiner Begegnung mit Schalom Ben-Chorin und dessen »Heimholung des Bruder Jesus« in das Judentum. Vielleicht habe sich vieles vom damaligen Ritus am besten in strengen jüdischen Sonderrichtungen erhalten, meint Michael K. Könnte man den Synagogengottesdienst der jemenitischen Juden an einem Werktag drehen, frage ich. Und wie wäre es mit den Samaritanern, die es heute noch als kleinste Sondergruppe aus der Zeit des babylonischen Exils gibt: Die Opferriten am Pessach-Fest, das rituelle Schlachten der Lämmer?

Er kannte die griechische Sprache

20. November

Die Recherchenreise muß um einige Tage verlängert werden. Neue Spuren will ich verfolgen, weitere Termine sind hinzugekommen. Der Schreibtisch im Lutherischen Gästehaus ist voll mit Büchern und Notizen. Ich merke, daß mich die historische Jesus-Frage nicht mehr losläßt. Vor einigen Monaten hätte ich dies nicht gedacht. Ich merke aber auch, daß die Frage ihre Faszination in sich selbst erst entwickelt. Sie muß nichts damit zu tun haben, die religiöse Wahrheitsfrage persönlich oder für die heutige Zeit zu stellen.

Wie wichtig den Christen das Ereignis von Kreuzigung und Auferstehung war, und wie sehr sie sich gegenüber den Römern damit als eigene Kirche und Gruppe auszuweisen versuchten – als Christen und nicht als Juden –, belegt die Tatsache, daß sie sehr früh ihren Sabbatfeiertag auf den Sonntag verlegten, auf den Tag der Auferstehung ihres Herrn. Der bei Lukas bereits spürbare Anpassungsprozeß an die römische Herrschaft wird damit fortgesetzt.

Es ist noch früh am Tag. Ich gehe zum gestern vereinbarten Termin mit Professor Benedikt Schwank. Der katholische Theologe aus München und Beuron lebt seit vielen Jahren in Israel. Er lehrt Archäologie, Landeskunde und Neues Testament. In Pater Benedikts Zimmer haben wir einen herrlichen Blick über das Kidrontal und über die alte Davidstadt hinunter zum tausend Meter tiefer liegenden Jordangraben. Wieder einmal denke ich, daß niemand die Bibel verstehen und auslegen kann, der nicht selbst das Land kennengelernt hat. Der Umgang mit den Texten allein bleibt unbefriedigend.

Pater Benedikt, der zahlreiche wissenschaftliche Publikationen über das Johannes-Evangelium vorgelegt hat, verfolgt im Gespräch vorrangig ein Interesse: »Jesus war nicht nur Jude – und wir dürfen ihn nicht nur durch diese Brille sehen«. Deshalb sucht er intensiv nach den hellenistischen Spuren im Umfeld Jesu. Das rabbinische Judentum habe sich erst nach der Tempelzerstörung

70 n. Chr. herausgebildet. Vorher jedoch sei das Judentum bereits seit gut 200 Jahren durch die hellenistisch-griechische Kultur geprägt worden.

Eine solche Sicht hat Konsequenzen. Sie sagt, daß griechisches Denken und Empfinden in der Geschichte des frühen Christentums nichts Fremdes waren. Der Hellenismus kam zum Rabbi Jesus nicht von außen, sondern hat die Umwelt Jesu und der ersten Christen spürbar bestimmt.

Benedikt Schwank fragt mich: Hat Jesus das Griechische nicht in unmittelbarer Nachbarschaft von Nazareth als Kind und junger Mann in der Stadt Sephoris, einer hellenistisch geprägten Stadt mit einem großen Theater, täglich vor Augen gehabt? Sicher habe er die griechische Sprache gekannt, zumal wesentliche Teile der hebräischen Bibel bereits damals in griechischer Übersetzung benutzt wurden.

Es wäre absolut falsch, so Professor Schwank, wenn man sagt, Jesus habe nie eine hellenistische Stadt gesehen. Auch das damalige Jericho, durch das Jesus kam, sei zu dieser Zeit ein hellenistisch geprägter Ort gewesen. »Haben Sie schon den Winterpalast des Herodes bei Jericho gesehen?« fragt mich der Professor. Man habe ihn ausgegraben, ein Muster hellenistischer Lebenskultur. Wir verabreden uns, morgen gemeinsam das Grabungsfeld im Jordantal zu besuchen.

21. November

Über die alte Römerstraße fahre ich heute mit Professor Schwank durch das Wadi Kelt hinunter ins Jordantal. Dort liegt, zwei Kilometer vom heutigen Jericho entfernt, das alte herodianische Jericho. Herodes der Große, ein Despot hellenistischer Prägung, hat nicht nur den Jerusalemer Tempel um- und aufgebaut, sondern überall im Lande wie ein Besessener monumentale Bauwerke errichtet. Die Ausgrabungen an seinem Winterpalast bei Jericho sind weitgehend abgeschlossen.

Nur zweihundert Meter neben der alten Römerstraße steigen wir durch das Tal hinauf in ein fabelhaftes Ausgrabungsfeld. Wir sind allein. Regenfälle haben während der letzten Wochen auf dem hohen Plateau die Erde ausgeschwemmt, so daß neue Mauerreste in der Erde sichtbar werden. Ich finde ein Stück Putz, das noch leuchtend rot und frisch aussieht. Im oberen Grabungsbereich erkennt man die Umrisse eines großen Saales, den Archäologen vor zehn Jahren ans Tageslicht holten. Überall hat der Regen Scherbenreste freigelegt. Herodes, der zur Zeit der Geburt Jesu herrschte (40 v. Chr.– 4 v. Chr.), hat hier seinen Frauen und sich in hellenistischer Manier einen Palast gebaut, der vermutlich auf Resten älterer Anlagen ruht. Alles ist später schnell verfallen.

»Jesus kannte diese hellenistische Stadt«, erklärt mir Benedikt Schwank, »er übernachtete vor dem Anstieg hinauf nach Jerusalem bei dem Oberzöllner Zachäus, der nach den Texten als reich galt und fraglos einen angepaßten hellenistischen Lebensstil hatte.«

Erster Besuch in Qumran

Durch eine karge Landschaft fahren wir hinunter zum Toten Meer. Nur links am Jordan schlängelt sich ein dünner grüner Streifen im Dunst. Irgendwo nach wenigen Kilometern befindet sich im heutigen militärisch besetzten Gebiet jene Stelle, wo Johannes der Täufer möglicherweise seine Anhängerschaft sammelte und im Jordan taufte.

Zwei Kilometer weiter kommen wir nach Qumran. Die Entdekkung des Ortes hat seit 1947 die Erforschung der biblischen Schriften in vieler Hinsicht revolutioniert. Damals fand ein Hirtenjunge namens Mohammed in einer der Felsenöffnungen Tonkrüge mit uralten Schriftrollen. Wie sich später herausstellte, war es die jüdische Sekte der Essener, die sich bereits in der Zeit vor Jesus in diese Gegend aus Protest gegen die Verweltlichung des Jerusalemer Tempelkultes zurückzog. Über die Schriftfunde wurden ganze Bibliotheken geschrieben. Wir werden uns später mit Qumran intensiv beschäftigen und dort auch drehen.

Als wir über gefährliche Geröllfelder zur ersten Höhle hinaufsteigen, fällt mir auf, wie nahe von hier aus der vermutete Taufplatz des Johannes am Jordan liegt. Zwischen der Bewegung des Täufers und den Essenern muß es Beziehungen gegeben haben. Wissenschaftler streiten darüber.

Professor Schwank erklärt, daß die Qumranschriften unsere Kenntnisse über den Hintergrund der Reden Jesu erheblich erweitert hätten. Die Essener-Gemeinschaft lebte nach einer strengen Ordensregel, die in ihren Auswirkungen bereits vor dem Fund der Schriftrollen – letztlich seit der Auswertung des römisch-jüdischen Schriftstellers Flavius Josephus – bekannt war.

Überhaupt Josephus! Sein Buch »Der jüdische Krieg« und andere Schriften sind die größten zeitgeschichtlichen Dokumente für Palästina zur Zeit Jesu. Gäbe es Flavius Josephus nicht, der von 37 n. Chr. bis zur Jahrhundertwende lebte, wäre wohl viel Historisches aus der neutestamentlichen Zeit nicht zu sichern. Josephus hat die Essener ausführlich beschrieben. Er wird durch die Funde und die Ausgrabungen der klosterähnlichen Anlage in Qumran als exakter Historiker bestätigt. Auch die Freilegung der legendären Festung Massada am südlichen Toten Meer belegt die Genauigkeit des Geschichtsschreibers.

Die junge christliche Gemeinde, sicher auch der historische Jesus und der Täufer Johannes, kannten die Essener. Vieles war ihnen gemeinsam. Manches trennte sie. Besonders an einer Stelle ist die Verkündigung Jesu entscheidend anders: Die Gesetze des Judentums werden von Jesus zwar auch in ihrer ethischen Ausrichtung so radikal vertreten wie in Qumran, aber es setzt sich eine bezeichnende Öffnung durch – man könnte dafür den Begriff »Enthärtung« festhalten: Wichtiger als das Gesetz ist der Mensch. Feindesliebe statt Feindeshaß. Wichtiger ist die »Gnade«, die dem Schwachen, dem »Sünder« gilt. Der nahe gekommene Gott – die »mystische Erfahrung« – überwindet die Ethik, ohne sie außer Kraft zu setzen.

Anmerkung: Ich komme vom Abendessen zurück und bin beunruhigt, wie schnell ich dogmatisch die sogenannte »Botschaft Jesu« gegenüber den Essenern ausgewertet habe. Ist besonders der Begriff »Gnade« so direkt verwendungsfähig? »Gnade« – das ist festgefügte Kirchensprache, zu der man sich gerade hier im »Heiligen Land« offensichtlich schnell verführen läßt.

Jesus und der politische Hintergrund

22. November

Nach einem Gang durch das jüdische Viertel Mea-Shearim benutze ich die Ruhe des christlichen Sonntags, um noch einmal Früheres und Heutiges aus der wissenschaftlichen Jesusforschung an mir vorüberziehen zu lassen. Der alte »Bornkamm« mit dem Titel »Jesus von Nazareth«, ein Klassiker aus den späten fünfziger Jahren, liegt vor mir und vieles andere. Wie tief saß während der letzten dreißig Jahre jene Grundskepsis des großen Heidelberger Neustestamentlers und seiner Kollegen, daß wir keinen einzigen authentischen Jesusspruch besitzen und auch keine einzige Jesusgeschichte, die nicht zugleich und zunächst Bekenntnis der glaubenden Gemeinde sei!

Keine seriöse Frage nach dem geschichtlichen Jesus wird an dieser Position zunächst vorübergehen können. Zwischen der Geschichte und den biblischen Aussagen liegt Ostern. Aber muß Ostern die Geschichte aufheben, frage ich mich heute. Zweifellos war das erste Osterfest, also das Scheitern des Mannes aus Nazareth und das Neue, das daraus entstand, eine außergewöhnliche Erfahrung. Vermutlich war es nicht nur eine Erfahrung innerhalb der Subjektivität der ersten Jünger. Es muß ein weltgeschichtlicher und menschheitsgeschichtlicher Aspekt mit Ostern verbunden sein. Das Christentum hätte sonst nicht die Kraft zur Transformation des jüdischen Kultes gehabt, um nach kurzer Zeit ein eigenes, lebendiges Bekenntnis zu entfalten. Insoweit liegt »Ostern« wirklich vor aller Tradition.

Die letzten Wochen haben mir jedoch im konkreten geschichtlichen und geographischen Umfeld gezeigt, daß zahlreiche biblische Perspektiven auch auf stabile Traditionen zurückgehen, die auf die vorösterliche Rede und Haltung des Jesus aus Galiläa Bezug nehmen konnten. Warum sollte es keine Kontinuität zu dieser Gestalt geben, auch wenn die ordnende Hand der späteren Gemeinde Erinnertes und Erfahrenes neu zusammenstellte? Nicht nur das Unableitbare ist »echt« sondern gerade auch das, was historisch im damaligen Judentum möglich war. Zu behaupten, nur das sei »jesuanisch«, was nicht aus dem Judentum komme und sich auch nicht aus der urchristlichen Situation erklären lasse, führt zu einem Purismus, der die Kontinuität der historischen Gestalt im Hintergrund methodisch prinzipiell übersieht und damit leugnet.

Das Auftreten des Mannes aus Nazareth ist ohne Frage ein Angriff auf Gesetz und Überlieferung des Judentums, ohne dieses überwinden zu wollen. Es bleibt eine Variante innerhalb des Judentums. Das gilt für die Jesusbewegung ebenso wie für die Essener. Beide hofften auf eine große Wende. Die einen gingen dazu in die Wüste. Jesus hingegen zog durch das Land von Dorf zu Dorf, von Stadt zu Stadt. Schwieriger ist es wohl, inwieweit Jesus als Teil der Widerstandsbewegung des politisch bewegten Judentums gegen die römische Fremdherrschaft anzusehen ist. Hat es nicht gerade in Galiläa – wie H. V. Mendelsohn in seinem Buch »Jesus – Rebell oder Erlöser« mit einigen überzeugenden Belegen zeigt – eine ausgesprochen revolutionäre Stimmung gegeben, die immer neue Partisanenführer hervorbrachte?

Die Essener waren demgegenüber eine Gruppe, die am Toten Meer in der Wüste in eine Art innere Emigration ging. Jesus aus Nazareth stand dieser Gruppierung sicher näher als den gewalttätigen Partisanenführern. Aber er zog sich nicht zurück und geriet dadurch mit den herrschenden Schichten direkt in Konflikt. Seine Kritik richtete sich zunächst gegen die gängige Frömmigkeitspraxis seiner Zeit. Jesus ging es nicht mehr darum, *was* der Mensch tut, sondern *wie* er es tut. In Konflikt geriet er damit auch mit dem herrschenden Tempelkult. Er war nicht nur gegen das blutige Opfern im Tempel, sondern ingesamt gegen den Tempelbetrieb. Schließlich sahen die Römer in ihm einen eher messianischen Aufrührer, wobei die demonstrative Wehrloskeit des Mannes aus Nazareth und seiner Bewegung politisch besonders beunruhigend gewirkt haben mag.

Gerd Theißen hat die Brisanz dieser Gestalt im politischen Umfeld mit folgendem Satz charakterisiert: »Jesus erwartete politisch radikal veränderte Verhältnisse, aber nicht, daß sie durch politische Veränderungen realisiert werden.« Dies wird immer wieder in den Gleichnissen umschrieben und steht hinter dem Ruf zur Umkehr. Das »Reich Gottes« ist die konkrete Beschreibung der bevorstehenden und jetzt schon beginnenden Veränderung. Das Reich Gottes ist »unter euch«. Es beginnt im Inneren des Menschen und zielt auf eine wunderbare Verwandlung der ganzen Welt.

Wie soll das alles in einem Film anklingen? Immer mehr denke ich, daß die Perspektive dessen, was an Ostern geschah, nicht übersehen werden darf. Ostern – damit meine ich das historisch-geschichtliche Ereignis um den 7. April des Jahres 30 und nicht das symbolisch und liturgisch wiederholte Ostern, von dem wir normalerweise sprechen.

Eine Festung gegen die Angst

23. November

Über Bethlehem und Bet-Shahur fahre ich ohne Begleitung durch eine sehr palästinensische Landschaft zum Herodium. Schon von weitem erhebt sich am Rande der Wüste Juda jener künstlich erhöhte Hügel, auf dem Herodes eine Burg bauen ließ. Hier im »Herodaion« wollte er begraben werden, so heißt es bei Flavius Josephus.

Der Wächter und Kartenverkäufer kassiert meinen Eintritt ohne Kommentar. Niemand sonst ist oben auf der Burg. Der Himmel erhebt sich aus den Wüstenbergen in tiefem Blau. Unter mir höre ich das Geschrei arabischer Kinder in der stillen Landschaft. Vor einem Jahr wurde hier der damals israelische Wärter der Festung grausam mit Messern ermordet.

Oben auf der Festung bin ich allein zwischen all den ausgegrabenen Türmen, Synagogenresten und Bädern. Vor mir liegen einige Scherben, die unzweifelhaft hellenistisch sind. Die runde Festung des Herodes ist eine Geburt der Angst vor seinen Feinden. Das Herodium wurde 1962 planmäßig ausgegraben. Die Grabungsergebnisse haben auf überzeugende Weise bestätigt, was wir über den Ort durch Flavius Josephus bereits wußten. Die Festung selbst wird im Neuen Testament nicht erwähnt. Die Bibel weist allerdings auf den Tod des Herodes (Mt 2,13) hin und auch auf die

Ermordung der Säuglinge, die mit seinem Namen verbunden ist. Es gibt allerdings einige Gründe dafür, daß der Säuglingsmord geschichtlich *so* nicht stattgefunden hat.

Als ich vom Herodium zurückkomme, hat der muslimische Wärter seinen Gebetsteppich ausgebreitet und beginnt neben seinem luftigen Häuschen mit seinem Gebet in Richtung Mekka.

Gestern im jüdischen Viertel Mea-Shearim, dem engen und ärmlich wirkenden Wohnviertel der orthodoxen und ultraorthodoxen Juden, spürte ich mit Bedrückung etwas von der geballten Kraft traditioneller Religion. Daneben sehe ich in der Erinnerung das Bild der Touristengruppe aus Minnesota, die sich auf dem Flachdach gegenüber der Grabeskirche die Kreuzigungsgeschichte vorlesen läßt, um anschließend in breitem Amerikanisch laut zu singen. Und heute am Rande der Wüste der fromme muslimische Beter! Nein, denke ich, es wird nicht gelingen, den Menschen in seiner Religiosität zu erschüttern, sofern das überhaupt beabsichtigt ist. All die knochigen Menschen, ob Moslems, Juden oder Christen, gewachsen und eckig, eifrig in ihrem modernen Alltag verhaftet, natürlich mit Autos, Elektrizität, all diese Menschen zwischen Synagogen, Minaretten und christlichen Kirchen, sie werden sich nicht von außen ändern lassen, auch nicht durch die Industrialisierung und Verwestlichung. Der Beter nach Mekka, der gesetzestreue Jude, der Jesusliebhaber aus Minnesota – sie werden bei ihrer Sache bleiben, ob man will oder nicht. Und sollte die Erschütterung noch größer werden, dann werden sie noch weniger von ihrer Religion lassen. Sie werden noch fester an den einfachen Worten und Riten festhalten.

In Israel kann man lernen, daß es nicht um die Frage geht »Religion oder *keine* Religion«, sondern eher um die Alternative *»diese* oder *jene* Religion, *welche* Religion?«. *Entweder* ist es eine Religion, die aus der langen und alten Erfahrung des seiner selbst bewußt werdenden Menschen kommt, die neue Erfahrungen nicht zurückweist und fähig ist, alte menschheitsgeschichtliche Kontexte wahrzunehmen. *Oder* es ist eine Relgion, die kurzfristig das religiöse Fühlen und Wissen befriedigt, einfache Antworten auf schwierige Fragen anbietet, eine Religion, die nicht öffnet, sondern eher verschließt.

Wer die geballte religiöse Vielfalt in und um die Grabeskirche täglich sieht, wird sich als Christ immer wieder die Frage stellen, wie aus dem Verkünder Jesus bald nach Ostern der so unterschiedlich Verkündigte werden konnte. Wie kam es zur Bildung des Christentums, der Christentümer, der vielen Kirchen, die es mit Liebe und Schrecken seit zweitausend Jahren gibt?

Offensichtlich ist die radikal endzeitliche Verkündigung der ersten Jesusbewegung ein entscheidendes Element zum Verständnis der damaligen Zeit. Aber sie ließ sich im Gefolge der nächsten Jahre und Jahrzehnte nach Jesus nur auf einer neuen und anderen Ebene bewahren. Die Nachfolger Jesu, die heimatlosen Wanderprediger und die ersten Gemeinden von Schwestern und Brüdern, mußten eine Ahnung gehabt haben, daß das Reich Gottes eine bleibende Menschheitshoffnung ist, die auch für spätere Zeiten etwas vorwegnahm. Sechzig Generationen weiter ist das reale Ende der Gattung Mensch zumindest ebensowenig ausgeschlossen wie in der damaligen apokalyptischen Erwartung. In jedem Fall müssen die ersten Erfahrungen nach der Kreuzigung am 7. April 30 für die Zurückgebliebenen positiv und enthusiastisch gewesen sein.

Vermutlich waren es pneumatisch-mystische Erfahrungen, die als Knotenpunkt existentieller Bezüge vieles, ja alles in Bewegung setzen konnten. Dies könnte für den Beginn des Islam und die Erfahrung Mohammeds ebenso gelten wie für Abraham und Moses vor dem brennenden Dornbusch. Von außen her wird der Religionswissenschaftler dies mit einigem Recht als eine »ekstatische Gesamtdisposition« beschreiben – so der Berliner Religionswissenschaftler Carsten Colpe. Die Frauen waren in Jerusalem zurückgeblieben, die Jünger nach Galiläa abgereist – aus Angst? –, aber sie alle hatten Erscheinungen, also pneumatisch-mystische Erfahrungen, wie auch Paulus einige Jahre später vor Damaskus. Das historisch Zuverlässigste gibt hier sicher der Apostel im ersten Brief an die Korinther (15) wieder: »Vielen ist er erschienen, auch mir selbst.«

Bei aller Faszination, die in den Evangelien noch vom Mann aus Nazareth durchscheint, wird man der Entwicklung des Christentums zur Kirche nicht gerecht, wenn man die erste apostolische Phase als grundlegendes »Fascinosum« nicht spürt. In diesem sozialen und ekstatischen Zusammenhang wird später wohl auch das Bild von Jesus aus Nazareth aufbewahrt. Deshalb haben wir es so schwer, die realen Züge Jesu für unser historisches Bewußtsein befriedigend zu erfassen. All das gilt, obwohl sich der politische Zusammenhang gegenüber der Zeit vor Ostern nicht entscheidend geändert hat. Mit einiger Sicherheit wollten sich die ersten Christen nicht bewußt außerhalb des Judentums stellen. Die Bedrohung durch die römische Fremdherrschaft, die essenisch-jesuanische Kritik an der Tempelaristokratie und die Erwartung eines Umschwunges verbanden die jungen »Christianer« mit den anderen im jüdischen Volk. Aber es war etwas Neues für sie hinzugekommen: die Universalität einer Botschaft, die eine kleine Gemeinde der großen Welt außerhalb des Judentums bringen zu müssen glaubte.

Mit den auslaufenden Recherchen in Israel hat sich meine Fragestellung ein wenig verändert. Im Gegensatz zu früher beschäftigen mich derzeit mehr die Einzelheiten der Entwicklung des jungen Christentums im 1. Jahrhundert. Dabei ist der Übergabepunkt vom Verkündiger zum Verkündigten eine Schlüsselfrage. Der spätere, erweiterte Interpretationsrahmen ist dabei frühzeitig festgelegt: Er ist dort zu finden, wo der Mann aus Nazareth zum »präexistenten Gottessohn«, zum »Logos« wird, der von Anfang an bei Gott war. Ich stelle mir zögernd die Frage, ob die Alten theologisch stark genug waren, der vorgegebenen Erbschaft und damit der menschheitlichen Einsicht des Monotheismus, dem Ein-Gott-Glauben, treu zu bleiben. In der Theorie ist es fraglos gelungen, in der Praxis bis heute, so läßt sich belegen, sehr oft nicht.

Vom Recht Israels, weltlich interpretiert zu werden

25. November

Es ist ruhig im Staate Israel. Dennoch knistert es überall. Die israelische Armee gehört zum Alltag. Die jungen Soldaten ziehen durch die Altstadt, überall in verstärkten Dreiergruppen. Sie fahren in Bussen vor und demonstrieren Präsenz, die trotz sichtbarer Bewaffnung auf mich kaum bedrohlich wirkt. Dennoch sind zwiespältige Gefühle nicht zu unterdrücken. In der Geschichte ist Israel bewußt den unteren Weg gegangen. Über die längste Zeit zeichnet sich die jüdische Gemeinde dadurch aus, daß sie ohne jegliche physische Macht und nationale Selbständigkeit bestehen blieb. In einer Welt der Gewalt führte diese Haltung zur Erniedrigung, zu unendlichem Leid und fürchterlicher Dezimierung. In diese Tradition gehört auch Jesus von Nazareth. Er verkörpert den Weg der Sanftmut, des leidenden Gottesknechtes, wie er fünfhundert Jahre vorher bereits durch den Propheten Jesaja beschrieben wurde. Der Weg und die Perspektive des Leidens und der Sanftmut ist möglicherweise einmalig in der Menschheitsgeschichte. Bereits deshalb ist Israel ein außergewöhnliches Volk.

Ich halte den Hinweis heutiger jüdischer Theologen für nicht abwegig, daß der Holocaust, die Vernichtung der Juden, der weltgeschichtliche Versuch ist, die prinzipielle Alternative der Sanftmut endgültig zu besiegen. »Die Vernichtung der Juden«, sagt Phillip Sigal, »wäre ein Zeugnis für den Tod Gottes gewesen, so wie zuvor ihr geheimnisvolles Überleben in der Geschichte ein Zeugnis dafür war, daß er lebt.« Auschwitz hätte zum Ende der »Heilsgeschichte« werden können.

Der Staat Israel hat das Recht, weltlich interpretiert und weltlich behandelt zu werden. Und doch entzieht er sich auf dem Hintergrund seiner Vorgeschichte einer theologischen Deutung nicht. Was in Israel im Laufe einer drei- bis viertausendjährigen Geschichte zur Sprache kam und heute auf eine neue Weise wieder Weltgeschichte wird, ist nicht nur private Religionsgeschichte. Es ist die Lebensfähigkeit einer bestimmten existentiellen Haltung, die – wie ich glaube – etwas mit dem Geheimnis des Menschen in der fortgehenden Geschichte seiner Bewußtseinsevolution zu tun hat.

Der moderne Staat Israel hat dennoch das Recht und die Pflicht, sich von der Knechtsgestalt zu befreien. Macht und Herrschaftsförmigkeit bestimmen den äußeren Alltag dieses Staates mehr denn je. Ein wenig verständlich ist dabei die Angst der orthodoxen Juden, daß mit der Staatsgründung das Bild des Gottesknechtes und der Weg der Sanftmut verlassen wird.

Vielleicht hat Israel nach seiner nationalen Selbständigkeit ein Stück seines Erbes an die ganze Menschheit zurückgegeben. Dann wäre die große und langfristige Überlebensbotschaft angesichts des atomaren und ökologischen Holocaust die alte menschheitsgeschichtliche Einsicht: Verlaßt euch nicht auf den Weg der Stärke, der Gewalt, der nationalen Selbstzufriedenheit, der Unterwerfung anderer und der Natur, verlaßt euch auf den alten Weg der Sanftmut, der Friedfertigkeit, wohl auch des Leidens und Mitleidens. Sollte dieser Weg endgültig in einer verhärteten Welt besiegt sein, könnte dies zum Zeugnis des Todes Gottes werden.

26. November

Die Recherchenreise geht zu Ende. Morgen fliege ich nach Frankfurt zurück. Gestern abend saß ich noch einmal mit Michael K. zusammen. Wir tranken ein wenig Wein vom Carmel und unterhielten uns erneut über den Staat Israel.

Die Möglichkeit zu einer theologischen Deutung dieses Staates ist eher begrenzt, meint Michael K. Ich verweise auf David Flusser, den jüdischen Lehrer meines Gastes. Flusser hat die christlichen Theologen immer wieder darauf aufmerksam gemacht, daß nach jüdischer Auffassung nicht eine Religion erwählt wurde, sondern eine Menschengruppe und Israel selbst. Zu diesem Israel gehören auch jene Juden, die sich von ihrer Religion entfernt haben. Im Gegensatz zu einem Christen bezeugt ein Jude seinen Glauben, indem er das ewige Volk fortzeugt. »Er glaubt nicht an etwas, er ist selber Glauben«, wie Franz Rosenzweig gesagt hat. Insofern gehört die Realisierung des Judentums im Land Israel zur Grundstruktur der jüdischen Religion. Sollte es deshalb nicht richtig sein, im Angesicht des Staates Israel noch einmal darüber nachzudenken, ob die Verbindung zwischen Israel und seinem Land bis heute nicht doch eine theologische Möglichkeit darstellt?

Später gehe ich durch das jüdische Viertel hinunter zum Tempelplatz, wo einst die Burg Antonia stand. Von hier aus konnte man tatsächlich den Tempelberg sehr gut kontrollieren.

27. November

Jerusalem mache süchtig, heißt es im Judentum. Wie geblendet blicke ich am Abend aus dem grauen hessischen Novembertag zurück zur Stadt auf dem Berg. Ich spüre die Versuchung, die mit diesem Land und dieser Stadt verbunden ist. Der Besuch des Heiligen Landes kann die Frage nach der Religion in unserer Zeit nicht ersetzen. Vermutlich machen diese Erfahrungen auch die touristischen Neu-Kreuzfahrer, die Pilger und Besucher Israels heute. Insofern verliert mit dem Abstand bereits die historische Frage ein wesentliches Argument. Alles ist ablösbar vom Damals und Dort. Einige haben versucht, den Kontakt zu halten oder wiederherzustellen. Aber nur für sie selbst hat es Bedeutung.

3.
Erster Anlauf mit der Kamera: Sind geschichtliche Spuren wirklich so wichtig?

Israelische Realitäten

15. März

16 Monate sind seit meiner letzten Recherchen-Reise nach Israel vergangen. Nächste Woche will ich es erneut versuchen. Weitere Filmaufträge sind hinzugekommen. Das Projekt einer historischen Dokumentation mußte ruhen, denn kurz nach der letzten Abreise war die Intifada ausgebrochen.

Israel muß eine neue, grausame Prüfung über sich ergehen lassen. Der beabsichtigte Zweck des Aufstandes wird überall im Lande spürbar. Israel wird mit den besetzten Gebieten nicht in Ruhe leben können, bis die Palästinenser eigene Rechte bekommen. Nach dem Holocaust ist dies ein weiterer Kampf um das Überleben, solange das Existenzrecht Israels nicht zweifelsfrei grantiert ist. Das vergessen europäische Journalisten, wenn sie empört über die harte Reaktion der israelischen Armee gegen steinewerfende Jugendliche berichten. Israel soll weltweit ins Unrecht gesetzt werden. Diesmal scheint es zu gelingen.

Soll man sich in einer solchen Situation überhaupt mit weit zurückliegenden historischen Themen befassen? Vermutlich ist die Erhellung einer Ursprungsgeschichte der Luxus von Friedenszeiten. Wenn die Produktion eines Filmes über den Mann aus Nazareth fortgesetzt werden soll, werde ich über die politischen Schwierigkeiten nicht hinwegsehen dürfen.

Die Frage nach dem Mann aus Nazareth hat sich für mich in der Zwischenzeit ein wenig konkretisiert. Deutlicher sehe ich, daß die Christologie nur im Lebensprozeß zu verstehen ist. Alles andere ist historische Gedankenspielerei oder gewalttätiges Bekennen ohne Verstehen. Die Christologie steht am Ende, nicht am Anfang.

Dies gilt historisch-weltgeschichtlich ebenso wie für die persönliche Lebensgeschichte. Ich denke, wer Jesus von Nazareth als das Unbedingte und den Unbedingten für sich und seine Zeit wahrzunehmen beginnt, hat vieles hinter sich.

16. März

Blicke ich zurück und frage mich, was seit den letzten Recherchen an öffentlichen Auseinandersetzungen mit dem Namen Jesus von Nazareth verbunden war, fällt mir der Jesus-Film von Martin Scorscese ein. Jesus in der Tiefe menschlicher Verstrickungen, dargestellt mit den Mitteln Hollywoods. Tatsächlich läßt sich die Geschichte dieses Mannes immer wieder neu entfalten, ohne daß eine bewußte Anbindung an die reale Geschichte notwendig ist. Die Ablösbarkeit vom realen Geschehen ist so lange erlaubt und sogar erwünscht, wie damit nicht die menschheitsgeschichtliche Perspektive verlorengeht.

Die Diskussion um den Scorscese-Film war merkwürdig kurz und hart. Spurenlos ist sie nun beendet.

17. März

Ein ganz anderer Aspekt der alten Jesus Frage wurde mir blitzartig am vergangenen Sonntag in einem Gottesdienst deutlich. Gegen den historischen Jesus steht die Wucht der Glaubenstradition der christlichen Gemeinde, die nur sehr versteckt die Identität des geschichtlichen Jesus mit dem starken Erlöser Christus aufrechterhalten will. »Jesus ist kommen, Grund ewiger Freude«, singt die Gemeinde, »A und O, Anfang und Ende steht da. Gottheit und Menschheit vereinen sich beide, Schöpfer, wie kommst du uns

Menschen so nah ...« Das ist die alte Sprache des Glaubens, könnte man sagen. Vieles klingt an, fast alles bleibt offen, und doch scheint das Bekenntnis abgeschlossen: Eine wunderbare Sprache, die vielen kaum noch vermittelbar ist. Wer nach Israel fährt und nur diesen Ton im Ohr hat, mag gewiß auf seine Kosten kommen. Ob er dem Gewicht einer noch unabgeschlossenen Tradition und der Würde der jüdisch-christlichen Religionsgeschichte gerecht wird, möchte ich mit allem Respekt bezweifeln.

22. März

In Tel Aviv ist es so warm wie bei uns im Sommer. Im Flugzeug habe ich gelesen, daß der israelische Geheimdienst in einem Bericht an die Regierung Verhandlungen mit der PLO für unausweichlich hält.

Jerusalem, das wir gegen 18 Uhr erreichen, ist voller Soldaten. Und doch wirkt alles nicht wie in einem Krieg. Der Gegner ist nicht faßbar. Am Abend gehen wir hinunter zur Western Wall, der Klagemauer. Die Südbegrenzung des schönen Platzes ist nun fertig. Wir sind die einzigen Fremden. Touristen wagen sich abends nicht mehr durch die Altstadt.

Ich merke, daß ich diesmal gegenüber dem religiösen Betrieb empfindlicher und kritischer reagiere. Die Selbstsicherheit und Gewißheit, mit der orthodoxe Juden durch die Altstadt zu ihrer Gebetsstätte am Tempelberg eilen, wirkt faszinierend und bedrohlich zugleich. Hinter dem demütigen Stolz der Frommen strahlt eine Selbstverständlichkeit, die anderen Religionen keinen Raum zu geben scheint, obwohl dem Juden die missionarische Haltung völlig fehlt. Und doch ist unverkennbar, daß es diese Menschen mit der Wahrheit auf Gedeih und Verderb ernst nehmen.

Auch die Muslime lassen ihre Gesänge und Gebete mit unverrückbarer Selbstgewißheit über die Jerusalemer Altstadt wehen. Mir fällt dabei ein Essay des katholischen Religionswissenschaftlers Adolf Holl ein. Juden, Christen und Moslems in ihrem gemeinsamen Ursprung als Abrahams-Religionen, so Holl, haben einen unerbittlichen Zusammenhang zwischen Überzeugung und Tod in die Welt gebracht. Die Wahrheit der göttlichen Offenbarung steht über dem Wert des Lebens, meint Holl und verweist auf Salman Rushdis »Satanische Verse«.

Der Amtssitz des Pilatus

23. März

Jerusalem ist heute morgen voller Touristen. Wir filmen zunächst den Aufmarsch der Pilgergruppen auf dem Tempelberg vor dem Felsendom. Hier stand zur Zeit Jesu der herodianische Tempel. Natürlich liegt es in der Luft, jetzt vor Ostern an die damaligen Pilgerströme und an die letzten Tage Jesu in Jerusalem zu denken.

Mittags lese ich in dem anschaulichen Buch von Walter Bühlmann über die Lebensumstände zur Zeit Jesu. Je geschichtlich konkreter die historische Gestalt des Mannes aus Nazareth wird, desto schwieriger wird es, ihn entweder bloß symbolisch oder nur typisch-menschheitlich auszulegen. Noch schwerer wird es allerdings, ihn mit der herkömmlichen dogmatischen Sprache zu umkleiden. Vermutlich muß am konkreten Jesus von Nazareth jede Zeit ihre eigene Verarbeitung und eigene Sprache herausbilden.

Heute ist Gründonnerstag. Die biblischen Berichte setzen für die nächsten Tage die entscheidenden »heilsgeschichtlichen« Ereignisse an. Können wir wissen, was tatsächlich in Jerusalem damals geschehen ist?

Die Literatur ist komplex, die Fachleute verfolgen kontroverse Ansätze. Fest steht, daß die Evangelien nur eine verkürzte Darstellung der letzten Tage geben. Daß zwischen der Gefangennahme Jesu bis zu seiner Kreuzigung nur knapp 10 Stunden liegen sollen, ist historisch problematisch. Bei Markus wird Jesus nach dem Abschiedsmahl verhaftet, dem jüdischen Hohen Rat vorgeführt und verurteilt. Am Morgen wird er dann dem römischen Statthalter übergeben, der ihn nach einem Amnestieversuch geißeln und morgens um 9 Uhr hinrichten läßt.

Die christliche Tradition war frühzeitig daran interessiert, den Juden die Schuld für den Tod Jesu zuzuschieben. Aber selbst dieses Interesse konnte nicht überdecken, daß es Pilatus als »Statthalter« war, der Jesus nach römischem Recht verurteilte. Wenn es jüdischen Widerstand gegen den Mann aus Nazareth gab, dann war es die wohlsituierte hohepriesterliche Familie, die Tempelaristokratie, die in Jesu sanfter Friedensbotschaft und seiner Kritik am aktuellen religiösen Leben eine Bedrohung sah.

Ziemlich wahrscheinlich ist es, daß der Hohe Rat, Sanhedrium genannt, auf dem Tempelplatz ein repräsentatives Gebäude besaß. Es könnte an jener Stelle über der Südmauer gestanden haben, wo heute die Al-Aksa-Moschee zu finden ist. Eine Vermutung, die etliche Autoren vertreten ohne wirkliche Beweise.

Sehr viel komplizierter wird es, wo der zweite Ort der Verurteilung Jesu gelegen haben könnte, also der Amtssitz des Pilatus. Der Prokurator – historisch war sein Titel »Präfekt« – hielt sich nur zu hohen Feiertagen in der zentralen Pilgerstadt Jerusalem auf. Nach der gängigen Legende lag das Prätorium, der Amtssitz des Pilatus, in der Burg Antonia neben dem Tempelplatz. Aber es ist fraglich, ob die Verurteilung Jesu historisch an dieser Stelle stattfinden konnte. Jüngste Überlegungen weisen den Amtssitz des Präfekten dann auch eher in den Hasmonäer-Palast.

Der vermutete Ort dieses Palastes liegt an einer der schönsten Stellen, die es in Jerusalem gibt. Man vermutet ihn heute an der Treppe, die vom neuen jüdischen Wohnbezirk hinunter zur Mauer führt, direkt gegenüber der »Klagemauer«. Hier wurde bereits im 5. Jahrhundert n. Chr. eine Kirche der Göttlichen Weisheit gebaut, die mit der Pilatus-Tradition verbunden ist. Da der Weg des Verurteilten mit einiger Sicherheit also nicht von der Burg Antonia nach Golgatha führte, wird man die Via Dolorosa in ihrer heutigen Führung auch nicht als historisch ansehen dürfen.

Ich merke, daß ich in Details komme, die zunächst eigentlich nur den archäologisch interessierten Besucher Jerusalems bewegen. Die wissenschaftliche Literatur verweist auf noch kompliziertere Zusammenhänge. Immerhin zeigt die Diskussion, wie eng bei der Geschichte des Mannes aus Nazareth historische Zusammenhänge mit Vermutungen verwoben sind und wie sehr darüber hinaus die besondere Jerusalemer Geschichte mit späteren theologischen Wertungen verbunden ist.

»Crazy Show«

24. März

Auch heute kommt wieder das Fernseh-Team. Es ist Freitag vor Ostern, für Israel kein Feiertag. Diesmal arbeiten zwei freie israelische Kameraleute für uns, die alles bereits schon einmal gesehen haben, alles kennen, von nichts beeindruckt sind.

Das Gedränge vor den Kreuzweg-Stationen ist groß. Die Menge wirkt auf mich ernsthaft, konzentriert und hingebungsvoll. Arabische Männer tragen ein großes Kreuz. Es wird gesungen und gebetet. Die alte Via Dolorosa – sollte sie hier gewesen sein – müßte mehrere Meter unter der heutigen Straße liegen. Mit einiger Sicherheit kann die Gegend der Grabeskirche als die historische Hinrichtungsstätte des Mannes aus Nazareth angesehen werden.

Bevor wir allerdings an diesem Karfreitag nach »Golgatha« gehen, marschieren wir noch einmal zum Löwentor an der Ostseite des ehemaligen herodianischen Tempels, wo Jesu Verhör und Verurteilung gemäß einer der Traditionslinien stattgefunden haben soll. Während wir gegenüber der dritten Station nach ein wenig Tee trinken, kommt plötzlich eine buntverkleidete Gruppe von Menschen die Via Dolorosa hinunter. Es sind fundamentalistische Amerikaner mit einem Jesus-Darsteller, der ein Kreuz trägt, mit römischen Soldaten und Knechten, die auf »Jesus« demonstrativ einschlagen. Die Szene ist grotesk. Der jüdische Kameramann bezeichnet das Ganze als »crazy show«. Die moslemischen Araber machen sich ihren Jux aus der Veranstaltung. Ich selbst erlebe den Zug als eine Art christliche Selbstverstümmelung.

Abends findet in der Jerusalemer Erlöserkirche gleich neben dem historischen Golgatha die Aufführung der Jesus-Passion des deutschen Kirchenmusikers Oskar Blarr statt. Mit Konsequenz hat der Komponist versucht, die judenfeindliche Tendenz des Matthäus-Evangeliums und das schreckliche und folgenschwere »Sein Blut komme über uns und unsere Kinder« aufzudecken und zu vermeiden. In einem Interview mit dem Komponisten Blarr lese ich: »Ostern, Auferstehung ist möglich. Dieser Hoffnungsvirus ist anscheinend in vielen von uns so ausgeprägt, daß wir uns mit so etwas Unklarem abgeben, auch ohne es rational ausdrücken zu können.«

Mag sein. Dennoch möchte ich für mich die Vorstellung von der Auferstehung in einen etwas weiteren Zusammenhang stellen: Auferstehung ist das Zeichen für eine Welt, die noch im Werden ist. Für eine Welt, von der wir noch nicht wissen, was sie einmal sein wird. »Welt« müßte dabei eine kosmische Dimension sein. Unsere Auferstehungserfahrung, die aus der Auferstehungshoffnung der archaischen Religion erwächst und im biblischen Zeugnis von Ostern unübersehbar wird, ist ein Fortschreiten in der evolutiven Erweiterung des menschlichen Bewußtseins, das eine Ahnung im Verlauf der Religionsgeschichte davon bekommt, was Wirklichkeit wirklich ist. Was wir als einzelne und als Menschheit sind und was wir sein werden, bleibt noch offen.

Ein Teich und viele Legenden

25. März

Ein phantastisches Ausgrabungsgebiet im alten Jerusalem ist die Gegend um den Teich Betesda. Nach der biblischen Überlieferung ist Betesda einer der Wirkungsorte Jesu in Jerusalem. Vorher war der Mann aus Nazareth bereits in Galiläa als Wanderprediger und Wunderheiler bekannt geworden. Vermutlich war Jesus dreimal an Ostern in Jerusalem, auch wenn die drei ersten Evangelien nur einen Besuch erwähnen.

Der Bericht von der Heilung eines Gelähmten am Teich Betesda steht bei Johannes, dem späten Evangelisten. Die Existenz des Teiches wird zweifelsfrei durch jüngste Ausgrabungen bestätigt.

Es handelt sich um zwei große Wasserbehälter mit der ungewöhnlichen Tiefe von 13 Metern, die durch einen Damm getrennt sind. Erste Ausgrabungen gab es bereits 1938. Ende der 50er Jahre konnte die ganze Anlage freigelegt werden. In den Teichen wurden auf felsigem Untergrund große Mengen von Wasser gesammelt. Die Bauwerke gehen zum Teil bis in die vorexilische Zeit zurück. Das zweite Becken wurde um 200 v. Chr. erbaut. Der Schriftsteller Jesus Sirach beschreibt die Anlage des Bauherrn Simon, des damaligen Hohenpriesters, so: »In seinen Tagen wurde ein Teich gebaut, ein Becken, so groß wie ein Meer.« Auch heute noch fasziniert die Größe und die Tiefe der Anlage. Sie galt in der herodianischen Zeit als Ort der Heilungssuchenden. Es ist naheliegend, daß Jesus hier einige Heilungswunder vollbracht hat, wie immer wir als neuzeitliche Skeptiker die Wundertätigkeit des Rabbi aus Nazareth beurteilen.

Gegen moderne Zweifel muß man sich selbst wohl immer wieder sagen, daß für den antiken Menschen Religion und Medizin, Heilung und Glauben eng zusammenhingen. Es gab über Israel hinaus zahlreiche Stätten der Heilung. So haben auch die Römer nach 130 n. Chr. den Ort Betesda zu einer Art Gesundheitszentrum ausgebaut, das den Charakter eines Heiligtums annahm. Der Heilsgott Aeskulap, dessen Ursprung im griechischen Epidaurus liegt, wurde ab dann im römischen Jerusalem verehrt. Die Tradition des in der Neuzeit archäologisch identifizierten Großteiches aus der Zeit Jesu wird bereits konkret von dem Kirchenvater Origenes um 230 n. Chr. mit der biblischen Geschichte von der Heilung am Teich Betesda in Verbindung gebracht. Später wurde diese Stelle auch mit der Heilung des Lahmen und einer Legende vom Geburtshaus der Maria, das in der Nachbarschaft liegen soll, verbunden.

Die archäologische Wiederentdeckung des Teiches erlaubt es gewiß nicht, vorschnelle Schlüsse zu ziehen. Eher wird das Verwobensein von historischer Begebenheit, schriftlicher Fixierung, Überlagerung durch Traditionen und neue Legendenbildung an Stätten wie Betesda augenscheinlich dokumentiert.

Der Himmel, die Bäume und die Tiere gehören zu Ostern

26. März

Es ist Ostersonntag. Nur wenig habe ich heute nacht geschlafen, um gegen vier Uhr pünktlich aufstehen zu können. Um fünf Uhr morgens wollen wir den Ostergottesdienst am »Gartengrab« nicht verpassen.

Das Gartengrab ist jener Ort außerhalb der Jerusalemer Mauer, an dem sich nach den spekulativen Überlegungen eines britischen Kolonialoffiziers die Hinrichtung und Grablegung Jesu zugetragen haben könnte. Der fromme Soldat der britischen Königin dachte, der dort sichtbare Felsen habe die Form eines Schädels, was durch den Begriff »Golgatha« (Schädelstätte) angedeutet wird. Zweifelsfrei liegt die Anlage außerhalb der Stadtmauer, wie es in der Bibel vom Ort der Kreuzigung Jesu gesagt wird. Der Kolonialoffizier in den 20er Jahren unseres Jahrhunderts wußte noch nicht, daß auch der Ort der Grabes-Kirche zur Zeit Jesu außerhalb der nördlichen »zweiten« Mauer lag. Erst eine halbe Generation nach Jesu Tod hat Herodes Agrippa die Hinrichtungsstätte durch den Bau der dritten Stadtmauer in den Stadtbezirk eingegliedert. Also: Das Gartengrab – heute noch immer außerhalb der Mauer – ist nicht historisch, aber es ist eine wunderschöne Anlage mit Felshöhlen in einem großen Garten mit uralten Bäumen.

Der Ostergottesdienst ist stark besucht. Leider gibt es in der Predigt und der Liturgie nur sehr wenige Bezüge zum Ort, zu Jerusalem oder gar zur Situation. Die Vögel beginnen gerade zu singen, der Himmel hellt sich über der judäischen Wüste auf, und alles verwandelt sich innerhalb weniger Minuten zu einem wunderbaren Tag. Wir hören eine Predigt, die sich verliert beim Tod, der Finsternis, der Schuld und dem Grab. Die österliche Auferstehung wird bestenfalls als innere Erfahrung interpretiert. Ich muß zugeben, daß ich bei dieser Predigt schnell weggehört habe, weil die Gesamterfahrung der Bäume, der Vögel, des Lichtes am morgendlichen Himmel so überwältigend war, daß dies zum eigentlichen Ostern wurde. Wird die Auferstehung nicht kosmisch gedeutet, so sage ich mir an diesem Morgen, wird sie überhaupt nicht verstanden. Der Himmel, die Steine, die Bäume, die Tiere gehören dazu. Ist nicht die Auferstehungsbotschaft auch das Wunder der weitergehenden Zeit, der mystisch wahrgenommene Einblick in die Welt als offenes System?

Gegen sechs Uhr morgens laufen Elke und ich zurück in die Altstadt. Die ersten arabischen Marktfrauen bauen ihre bescheidenen Verkaufsstände auf. Wir kaufen an diesem Ostertag für einen Schekel zwei frisch gepflückte Bündel von Pfefferminzblättern.

Auf dem Nachhauseweg gehen wir noch einmal in die Grabeskirche, von der man sich von außen nur mit Mühe vorstellen kann, daß sie zugleich den Golgathahügel und die alten Grabeskammern einbezieht. Aber sie tut es tatsächlich. Bereits die Mutter des christlich gewordenen Kaisers Konstantin hat um 330 n. Chr. diesen Ort als die geschichtliche Hinrichtungsstätte nach der alten, wohl bis ins 1. Jahrhundert zurückreichenden Lokaltradition sichern lassen. Sie baute eine riesige Basilika über das seit langem dort bekannte Felsengrab, um den überlieferten Kreuzigungsort zu fixieren.

Die heutige Form der Grabeskirche stammt aus der Kreuzfahrerzeit. Das Gelände ist nachweislich ein alter Steinbruch, der noch im 5. Jahrhundert v. Chr. als solcher benutzt wurde. Besonders ein nackter Felsblock von über 10 Metern Höhe wird seit frühester Zeit – also vor dem dritten Jahrhundert – als Kreuzigungsort betrachtet. Es wird heute vielfach vermutet, daß trotz der totalen Zerstörung Jerusalems in den Jahren 70 und 130 n. Chr. stets eine Gemeinde von Judenchristen in Jerusalem war, die die Erinnerung an das Grundereignis der christlichen Religion sorgfältig pflegte. Der heutige touristische Rummel um die Grabeskirche sollte nicht verdecken, daß wir mit hoher Wahrscheinlichkeit tatsächlich auf historischem Gelände sind, was immer dies auch für den Glauben bedeuten mag.

Die Grabeskirche ist jetzt am Ostersonntag gegen sieben Uhr morgens noch ziemlich leer. Unter der großartigen Kuppel, die sich über dem vermuteten Grab wölbt, beginnt ein betagter aramäisch-orthodoxer Priester zusammen mit einem etwa 12jährigen Jungen die alte Osterliturgie zu singen. Es sind Melodien, die über unsere polyphone Liturgie des lateinischen Mittelalters weit hinausreichen. Der Gesang am Ostermorgen eröffnet eine Dimension, die diesen Ort und die verbliebenen Felsen unendlich übersteigt. Wie dicht können religiöse Sprache und die Sprache der Musik ineinander greifen!

Steine und Wege im galiläischen Frühling

27. März

Es ist Frühling in Galiläa. Der See Genezareth liegt im Dunst. 200 Meter unter dem Meeresniveau sind die Felder fruchtbar, die Ebenen und Hügel strahlen in frischem Grün. Wir übernachten im Kibbuz Nof-Ginnosar.

Hier am Seeufer wurde im Januar 1986 bei niedrigem Wasserstand ein Boot gefunden, das nach ersten Untersuchungen aus der Zeit Jesu stammen müßte und als antikes Fischerboot zu betrachten ist. Wir erhalten im Kibbuz den Schlüssel zu einem Blechschuppen. Hinter Glas lagert das Boot in einer chemischen Lösung. Auf diese Weise soll das Holz über die Jahre hinweg konserviert werden.

Wir sind erstaunt, wie groß das Schiff ist. Mit etwa acht Metern Länge hat es ein deutlich ausgebildetes Heck. Das Alter wird von Archäologen für die Zeitspanne zwischen dem 1. Jahrhundert v. Chr. und dem 2. Jahrhundert n. Chr. angesetzt. Natürlich ist dieses Schiff nicht das Boot Jesu, wie es in der ersten Euphorie nach der Entdeckung weltweit behauptet wurde.

28. März

Erneut treffe ich mich am Nordende des Sees mit dem Archäologen und Neutestamentler Pater Bargil Pixner, den ich vor über einem Jahr bereits kennengelernt habe. Pater Bargil lebt derzeit wieder im benediktinischen Kloster in Tabga. Ich weiß, daß dieser Ort bei Kapernaum mit alten, bis ins 3. Jahrhundert zurückgehenden Traditionen verbunden ist, die auf einen zentralen Wirkungsort des Wanderpredigers Jesus aus dem etwa 30 Kilometer entfernten Dorf Nazareth hinweisen. Manche meinen, Jesus habe seine zelotisch orientierte Familie, die sich in einem Clan im kleinen Nazareth angesiedelt hatte, verlassen, um im Seegebiet als Rabbi und Prediger auf gleichgesinnte Menschen und Anhänger zu stoßen.

Nachmittags fahren wir mit Pater Bargil zu einem Tell, einem historischen Schutthügel, unter dem sich die Reste einer antiken Siedlung verbergen. Prof. Pixner und andere glauben, daß es sich hier um Bethsaida Julia handelt, das in der Bibel oft erwähnt wird.

Viele historische Plätze sind in Israel noch unausgegraben. So auch dieser wichtige Ort. Nach Probegrabungen vor wenigen Monaten hat man sich entschlossen, die Stelle am alten Jordandelta im Sommer wissenschaftlich anzugehen. Ein junger israelischer Archäologe aus Kazrim im besetzten Golan wird die Arbeiten leiten. Zur Zeit steht nur fest, daß Bethsaida über den Jordan früher leicht zu erreichen war. Der Jordan lag – was ein ausgetrocknetes Flußbett beweist – vor 2000 Jahren möglicherweise ein ganzes Stück weiter östlich, also hier bei Bethsaida.

Pater Bargil ist auch diesmal wieder ein wahrer Meister in der Verbindung alter Lokaltraditionen mit biblischen Berichten und neuen Ausgrabungsfunden. Das Verfahren ist produktiv, hält jedoch nicht immer wissenschaftlichen Anfragen stand. Unbestreitbar bleibt freilich, daß seit frühester Zeit in dieser Gegend der Hauptwirkungsort Jesu angesetzt wird. Die ersten Traditionen wurden bereits kurz nach dem Tode Jesu durch judenchristliche Gemeinden in Kapernaum aufbewahrt. Leider wissen wir über die Judenchristen in den ersten Jahrhunderten nicht allzuviel. Die Kirche hatte ein größeres Interesse an der Entwicklung der heidenchristlichen Gemeinden. Die Judenchristen im Bereich des Sees Genezareth verschwanden im Zuge persischer Einbrüche um 600 n. Chr. und wurden schließlich in den folgenden Jahrhunderten durch den Islam gänzlich ausgelöscht.

29. März

Das christliche Interesse an der Region um Tabga und Kapernaum reicht weit in das Altertum zurück. Deutliche Spuren gibt es in der byzantinischen Zeit. Kirchenväter wie Euseb oder Hieronymus hielten im 2. und 3. Jahrhundert neben ihren grundsätzlichen dogmatischen Positionen an der realen geschichtlichen Spur der »Gottessohnschaft« fest. Sie und andere reisten in die Gegend des nördlichen Sees Genezareth, suchten nach Belegen, Lokaltraditionen und Resten, die sie frühzeitig durch Kirchen und Basiliken zu sichern versuchten. Vieles wurde dann im Laufe der Geschichte wieder vergessen und ausgelöscht. Erst unsere Zeit konnte manche der Spuren neu entdecken.

30. März

In Kapernaum ist nichts vom griechisch-hellenistischen Einfluß wahrzunehmen. Das ist vermutlich in der Nähe von Nazareth im Umfeld der dortigen hellenistischen Stadt Sephoris anders. Ich erinnere mich an die Begegnung mit Professor B. Schwank vor gut einem Jahr: Jesus muß die hellenistische Kultur gekannt haben, die ja nicht erst durch die herodianische Zeit ins Land kam.

Ganz und gar nicht-hellenistisch ist Gamla, das wir am späten Vormittag besuchen. Die alte zelotische Festung liegt nur wenige Kilometer über dem See Genezareth. Sie ist ein Gegenstück zur Festung Massada, dem Inbegriff des zelotischen Widerstandes gegen die römische Herrschaft. In Gamla war das Zentrum des gewalt*tätigen* Messianismus, der einige Jahrzehnte nach Christus im mißglückten Befreiungskampf gegen die Römer den jüdischen Staat endgültig beendete.

Die hohe Festung Gamla muß Jesus stets bei seinen Wanderungen durch das Bergland und am See Genezareth vor Augen gehabt haben. Sie ist fast überall sichtbar. Sollte Jesus auf diesem zelotischen Hintergrund besser zu verstehen sein? Er predigte den gewalt*freien* Messianismus: Das Reich Gottes ist der Weg der Friedfertigen, Sanftmütigen, Demütigen. Das Reich ist bereits jetzt unter euch. Die Aktzentverschiebung des frommen Rabbi aus

Nazareth darf allerdings nicht als unpolitische Haltung verstanden werden. Auch seine Umgebung hat mit seiner Person den zelotischen Hintergrund bleibend verbunden. Die Wanderungen des Mannes aus Nazareth belegen, daß er vielfach auf der Flucht gewesen sein muß. Die römischen Kohorten und auch die Erben der herodianischen Herrschaft könnten im Erfolg der jesuanischen Friedensbotschaft geradezu einen Faktor zentraler Beunruhigung der Region vermutet haben.

31. März

Überall blüht es in Galiläa. Besonders der Eremos-Hügel bei Tabga, an dem die Bergpredigt lokalisiert wird, ist voll von Anemonen und Iris. Die Luft ist klar. Ich entschließe mich, kurzfristig noch einmal das israelische Kamerateam abzurufen, um die Landschaft am See Genezareth in dieser ungewohnt intensiven Jahreszeit festzuhalten.

Fundstücke aus dem Haus des Fischers

4. April

Um 12 Uhr treffe ich Pater Bargil und das Kamerateam in Tabga, dem alten Quellengebiet. Wir fahren nach Bethsaida, wo uns heute auf dem abgesperrten Gelände deutsche Studenten entgegenkommen. Sie graben unter Anleitung eines israelischen Archäologen aus Kazrim auf dem höchsten Punkt des Tell. »Die Zeit Jesu liegt nur 10 Zentimeter unter der heutigen Erdoberfläche«, sagt der junge Archäologe zu mir. »Wir haben den bisherigen Vermutungen des Alters von Bethsaida noch 3000 Jahre hinzugefügt. Wir finden Siedlungsreste, die bis zu 10 Meter tief liegen und aus der Frühbronzezeit stammen.«

Viele Siedlungen hier im Norden des Sees weisen weit in die Vorgeschichte zurück. Das Land um den See und im Jordangraben war außerordentlich fruchtbar und das Klima mild. Die frühen Spuren der Zivilisation werden durch andere Ausgrabungen in Galiläa bestätigt. Der israelische Archäologe zeigt uns Fundstücke aus dem »Haus des Fischers«, wie er sagte: einen Angelhaken, einen Tonkrug und Münzen. Wir versuchen, die Verbindung von Steinen und Pflanzen, alten Funden und blühenden Blumen ins Bild zu bekommen.

Noch schöner ist der Tell Hadar, wo wir später hinkommen. Bargil Pixner vermutet hier die zweite biblische Speisung der Massen. Entfernungsberechnungen und Wegangaben hat er mit Lokaltraditionen über die Steine der 12 Apostel in Verbindung gebracht. Er verweist auf Berichte, die bereits in früher byzantinischer Zeit den Tell Hadar mit seinen rätselhaften frühbronzezeitlichen Steinen als biblischen Ort markierten. Auch wenn das alles plausibel klingt, kann ich meine Zweifel nicht unterdrücken. Die biblische Geographie hat noch viele offene Fragen.

5. April

In Israel beginnen die Tage früh, und die Nacht kommt schnell. Ich wache bereits um sechs Uhr auf.

Wir starten kurz nach acht, nachdem der zweite Kameramann Afni verspätet und sichtbar müde von der Hochzeit seines Schwagers in Haifa zurückgekehrt ist. Afni ist knapp über dreißig und hat Architektur studiert. Er ist im Filmgeschäft hängengeblieben und geht alle 14 Tage für zwei Tage zur Armee als Hubschrauberpilot. Er weiß viel über das Judentum und die Synagogen, über das jüdische Leben in Mainz und Worms, über das Jiddische und die alte Geschichte.

Pater Bargil wartet auf uns. Wir fahren zum Jordan, der jetzt im Frühling ein ansehnlicher Fluß ist. Man könnte ihn mit der Lahn vergleichen. Der Jordan füllt den See Genezareth und endet etwa hundert Kilometer südlich im Toten Meer, das keinen Abfluß hat.

Zunächst fahren wir noch einmal nach Bethsaida, wo heute Professor Kuhn aus München, ein evangelischer Neutestamentler, mit Studenten im Ausgrabungsgelände bei der Arbeit ist.

Dem Kamerateam ist es ein Vergnügen, die zahlreichen archäologischen Aktivitäten zu filmen. Die Studentinnen und Studenten hacken, schaufeln, sieben, schreiben auf, Stück für Stück. Sie finden vielgestaltige Reste von Tonkrügen, die aus der frühen

Bronzezeit stammen. Man merkt, daß Graben eine Leidenschaft sein muß. Es steckt ein Stück Wahnsinn dahinter, in den Spuren früherer Generationen Zeugen vergangenen Lebens entdecken zu wollen.

Ich frage Professor Kuhn, warum er an dieser Stelle mit seinen Studenten grabe. Ob denn nicht die religiöse Botschaft aus der Bibel deutlich genug ohne die archäologisch-historische Erweiterung auskäme. »Nein«, sagt er, »die Geschichte muß wieder ernster genommen werden.« Neben Kapernaum sei Bethsaida eine der Hauptstätten des biblichen Wirkens. Es sei ermutigend, diese alte Stadt zu identifizieren. Es sei zwar umstritten, woher der Name Bethsaida Julia komme, aber man warte noch auf weitere Funde. Der Zusatz »Julia« stamme von der Tochter des römischen Kaisers Augustus, mit deren Name der Lokalherrscher Philipus die alte Stadt benannt habe.

Ich spreche mit Professor Kuhn über die wunderbar intensive Frühlingslandschaft Galiläas, die blühenden Blumen und Bäume, das starke Grün über dem See. Der Theologe meint dazu, daß es wohl die helle Landschaft gewesen sei, die das Verhältnis und die Offenheit Jesu zur Schöpfung geprägt habe. Nicht zum ersten Mal frage ich mich allerdings, warum diese herausfordernde Nähe des Geschaffenen so schnell in der Geschichte des Christentums vergessen werden konnte. Übrig blieb die pure Erlösungsbedürftigkeit.

Auf dem Weg zurück von Bethsaida nach Kapernaum komme ich mit Pater Bargil an jenen Ort, wo er die biblisch bezeugte Heilung des Blinden außerhalb Bethsaidas vermutet. Ich bin froh, sage ich dem Benediktiner, daß wir über jene theologische Position hinaus sind, die an der konkreten Geschichte so wenig interessiert war. Bargil stimmt zu. Man müsse eine Gesamtperspektive der Heilsgeschichte haben, sagt er, der Heils- *und* der Religionsgeschichte.

Wir fahren nach Gamla, der alten Zeloten-Festung, diesmal mit Kamerateam. Da wir ständig auf dem Golan Schüsse hören, zögern wir, ob wir weiterfahren sollen. Schließlich werden wir oben kurz vor Gamla von jungen israelischen Soldaten abgewiesen. Heute sei es im Golan gefährlich.

Zurück in Tabga erleben wir demgegenüber eine extrem friedliche Szene. Auf jenem Hügel, wo Jesus zu den Massen des öfteren gesprochen haben könnte und wo – wie gesagt – die Tradition seit Markus auch die Bergpredigt ansiedelt, singt eine Gruppe junger Christen Melodien, die nach evangelischem Kirchentag oder Katholikentag klingen. Wir drehen die Szene. Die Kamera zieht vom dahinterliegenden Taubental über den See hinweg auf und schwenkt auf die Gruppe der Jugendlichen. »Ich denke, das ist ein wenig zuviel religiöser Kitsch«, sage ich zum israelischen Kameramann. »Natürlich«, sagt Grego, »that is the whole area.« Alles ist hier religiös. Was ich denn sonst erwarte?

In den Fußstapfen der Jünger

Beim gemeinsamen Mittagessen gibt es zwischen Bargil, mir und den beiden Kameraleuten eine heftige Diskussion über den Ursprung des Christentums aus dem Judentum. Zwei Christen und zwei Juden. Dabei vertritt Bargil die provozierende These, daß ohne das Christentum auch das Judentum sein historisches Gewicht verloren hätte. Das Judentum habe mithin auch durch das Christentum überlebt. Ich halte dies für eine problematische Sicht. Auch die beiden jüdischen Kollegen protestieren heftig . . .

Korazim, die bereits in der Bibel verfluchte Stadt im Norden Galiläas, ist heute vollständig vergangen. Der Talmud, das jüdische Buch der Gesetzesauslegung, erwähnt das antike Korazim zwar noch einmal als beste Kornkammer Israels, aber auch von einer fruchtbaren Umgebung ist in der steinigen Landschaft unserer Zeit nichts mehr zu spüren. Unweit vom biblischen Seegebiet gelegen, muß diese Stadt im Gegensatz zu Kapernaum einen Synagogenvorsteher gehabt haben, der Jesus ablehnte. Normalerweise hatte Jesus uneingeschränkten Zugang zu den Synagogen. Sie waren den Juden sowohl Gotteshaus und Lehrhaus als auch Ort religiöser und sozialer Begegnung.

Auf unserem Drehplan bleibt an diesem Tag der Sonnenuntergang über dem Wadi Hamman, dem Taubental, übrig. Kameramann Grego zeigt allerdings nur noch geringes Interesse. Er möchte das schöne Tal hinab zum See Genezareth später und in Ruhe drehen. Ich denke an die Sonne, die gerade so wunderbar steht. »Mach einen Versuch«, sage ich. Grego gibt nach. Es lohnt sich. Mit seinen alten Höhlen am Rande des Tales, durch das Jesus aus Nazareth nach Kapernaum zog, liegt der Berg Arbel in einem weichen und warmen Licht vor uns. Der See verschwindet im Dunst des aufsteigenden Abends.

Später im Kibbuz spreche ich mit Grego die weiteren Pläne durch. Wir brauchen die wissenschaftlichen Aussagen zur Rekonstruktion Kapernaums. Dann auch die Seefischerei. Tabga selbst mit seinem alten Stein, seinem Quellgebiet und schließlich ein maronitisches Dorf, in dem Lebensgewohnheiten der traditionellen Gesellschaft bewahrt sind. Alles andere wird in Jerusalem, Nazareth und um das Tote Meer gedreht.

6. April

Im Kibbuz Nof Ginnosar sitze ich auf der Terrasse beim Frühstück. Auch heute ist es dunstig. Die »Jerusalem Post« spekuliert über Gespräche zwischen Schamir und Bush in Washington. Vierhundert Palästinenser sind zu Beginn des Fastenmonats aus israelitischer Gefangenschaft entlassen worden.

Zwei Tische weiter sitzen ein Deutscher und eine junge Deutsche. Ich höre hin, weil mich die übereifrige Stimme des Mannes beim Lesen ablenkt. Die junge Frau kommt nicht zu Wort. Wortfetzen höre ich: »in den Fußstapfen der Jünger heute ...«, »Jesus hat es gewußt ...«, und dann, nach einem Einwurf durch die Frau: »Wenn das Wort nicht mehr gilt, beginnt Demokratie«. Es geht offensichtlich um die Wahl eines christlichen Gemeinschaftsvorstandes. »Wenn da etwas schiefgeht, fange ich als Prediger ganz von vorne an und evangelisiere die Gemeinde ... in der Vollmacht Jesu ...«

Schlagartig taucht für mich eine bestimmte religiöse, christliche Realität wieder auf, die vielen den Zugang zu den Ursprüngen so empfindlich verschließt.

7. April

Die Suche nach dem »... wirklichen« Jesus wird heute in Israel schnell zu einer Erholungs- und Erbauungsreise. Im weiteren Sinn ist der biblische Tourismus eine Nische. Letztlich kann nicht allzuviel passieren. Man sieht ihn um jede Ecke kommen, jeden Weg um Tabga gehen, nach Kapernaum und Bethsaida ziehen. Die Busse fahren vorbei, die Soldaten üben auf dem Golan, die Israelis pumpen bei Magdala ihre nationale Wasserversorgung aus dem See hinauf bis nach Jerusalem.

Der Jesus, der dort erfahren wird, ist für die meisten Israel-Pilger vermutlich derjenige, den sie schon lange kennen. Er ist nicht derjenige, der in den kleinen überfüllten Häuschen in Kapernaum in der Nacht schläft, er ist auch nicht derjenige, der in schwierigen politischen und religiösen Zeiten eine radikale Umkehr fordert; der die Dinge auf den Kopf stellt, das Judentum seiner Zeit als Jude an der Wurzel neu anpackt und radikal vom Menschen und nicht von einem mißverstandenen Gesetz her interpretiert. Der im heutigen Israel erfahrene Jesus der Mitteleuropäer und Amerikaner – so fühle ich nach diesen 14 Tagen stärker als früher – ist nicht selten ein frommer Rückzugs-Jesus. Er zieht hinab und zieht hinauf. Dies nimmt nichts weg von der berechtigten Begeisterung für biblische Archäologie und zerstört nichts von der ehrlichen Faszination, die viele Pilger im »Heiligen Land« erfaßt.

»Die Hoffnung der Armen«

19. April

Fast zwei Wochen sind seit dem österlichen Israelaufenthalt vergangen. Der Betrieb in der Redaktion war turbulent, der Alltag läßt die Arbeit an der Jesus-Frage fast vergessen. Es bleibt eine lebendige Erinnerung, die sicher nicht nur von der Sehnsucht nach einem warmen und hellen Land getragen ist. Ich schwanke zwischen einem nahen und einem fernen Bild des Mannes aus

Galiläa. Je ferner es ist, desto mehr habe ich das Gefühl, mich auf Formeln und Sätze allein zu stützen. Je näher, desto mehr Landschaften, Geschichten, Wege und geschichtliche Zusammenhänge tauchen auf.

Jetzt steht ein weiterer Durchgang durch die Literatur auf der Tagesordnung. In den letzten Wochen habe ich alte Auszüge der Theologen Käsemann, Bultmann, Ebeling, Fuchs und Braun durchgeblättert – nicht zum erstenmal. Ich bewundere die sorgfältige Argumentation der großen Historiker, die Vorsicht der Schlüsse, die Skepsis gegenüber Festlegungen. Mein innerer Widerstand gegenüber der methodischen Vorentscheidung, prinzipiell zunächst von der Gemeindesituation nach »Ostern« auszugehen, wächst jedoch. Nichts gegen die redaktionsgeschichtliche Sicht, also die Zuordnung und Bearbeitung der diversen mündlichen und schriftlichen biblischen Traditionen aus nachösterlichen Interessen. Aber vieles gegen die Einschränkung, daß wir prinzipiell nur vom Verkündigten und nicht vom verkündigenden Jesus auszugehen hätten.

20. April

An einem Buch, das schon lange auf meinen Schreibtisch liegt, bleibe ich hängen: Es ist von Luise Schottroff und hat den programmatischen Titel »Jesus von Nazareth, Hoffnung der Armen«. Erschienen in der Mitte der siebziger Jahre, liegt es methodisch nicht allzuweit von der prinzipiellen Skepsis deutscher Neutestamentler entfernt: Viel können wir nicht wissen. Die Evangelien sind »Produkt der Geschichte, der Jesusbewegung« – nicht Niederschlag der Geschichte des Jesus aus Galiläa, die redaktionell zusammengestellt und entsprechend ergänzt wird. Immerhin spricht Luise Schottroff von einer »ältesten Jesustradition«.

Aber darum vorrangig geht es in der Jesus-Darstellung nicht. Zielpunkt ist eher Jesus in seinem politischen und sozialen Kontext. Das Interesse an der sozialgeschichtlichen Fragestellung führt fast automatisch zu einer neuen Wahrnehmung historischer Umstände, mit und unter denen die jüdische Urgestalt lebte. Ein Kernsatz: »Jesusnachfolge ist ein Weg, der Menschen zusammengeführt hat, die in Not waren.«

21. April

Im Zug nach Kassel, wo ich auf der Durchreise Professor Schottroff für ein oder zwei Stunden treffen werde, lese ich noch einmal die entscheidenden Seiten ihres Buches. Der historische Jesus, so meint Frau Schottroff, ist »vermutlich der Initiator einer Sammlungsbewegung von armen Juden, deren Lebensmöglichkeiten und Überlebenschancen gering waren ...« Selbst die älteste Jesustradition – etwa: Selig sind die Armen – ist sowohl Zuwendung Jesu zu den Armen wie Beschreibung des Verhaltens Jesu.

Die älteste Jesustradition sagt also bereits etwas über ihn aus und bewahrt damit eine bestimmte christologische Tradition. Frau Schottroff bleibt dem alten Ansatz treu und möchte methodisch vom Jüngeren (= Nachösterlichen) zum Älteren (= Vorösterlichen) gehen: »Die Seligpreisung der Armen in der ältesten Jesustradition ist nicht ein isolierter Gedankensplitter, sondern wohl die zentrale Botschaft der Jesusanhänger.«

Selbst gegen die eigene soziale Situation werde von den Verfassern der Evangelien manches in Erinnerung behalten, das auf älteste Ereignisse verweist. Etwa Markus 10,25, wo es heißt, es sei leichter, daß ein Kamel durch ein Nadelöhr geht, als daß ein Reicher ins Reich Gottes komme. Zur Markusgemeinde gehören nach Frau Schottroff auch reiche Christen, die nicht der soziale Hintergrund für dieses Wort sein können. Also müsse Markus 10,25 »vor-markinisch« sein.

Es überzeugt mich, daß die Armutsaussagen der ältesten Tradition nicht eine vergeistigte Armut meinen, also ein »Arm-Sein vor Gott«. Wer die sozialgeschichtlichen Belege und Umstände des ersten Jahrhunderts beachtet, muß von einer sehr realen Armut in Palästina ausgehen. Gegen diese reale Armut wird eine Vision von dem gesetzt, was Menschen in der Hoffnung auf die Königsherrschaft erwarten können. In der sozialgeschichtlichen Beschreibung der ökonomischen und sozialen Krisen des ersten Jahrhunderts bezieht sich Luise Schottroff auf den Heidelberger Neutestamentler Gerd Theißen, der Anfang der siebziger Jahre das Stichwort »Wanderradikalismus« in den Vordergrund der wissenschaftlichen Diskussion gerückt hat: Im Wanderradikalismus finden wir einen wichtigen Ausgangspunkt der Traditionsüberlieferung. Wanderradikale sind Prediger, die zu den sozial Entwurzelten sprechen, deren Leben durch Emigration, Neusiedlung, Widerstand und Räuberei bestimmt ist. Luise Schottroff ist besonders daran interessiert, daß diese radikalen Wanderprediger nicht nur seltsame Außenseiter sind, sondern die Gesellschaft der damaligen Zeit im Kern beschreiben.

Trotz großer Zustimmung zum Konzept »Jesus – Hoffnung der Armen« habe ich ein dumpfes Unbehagen. Wird die neue Akzentuierung religionsgeschichtlich der Situation des damaligen Judentums gerecht? Beschreibt sie ausreichend den Übergang einer judenchristlichen Gruppe zu einer europäischen Religion? Die sozialgeschichtliche Situation darf nicht übersehen werden. Sie ist geradezu ein Stachel im Fleisch einer fett und reich gewordenen Religion. Sie ist der Hintergrund der bleibenden christlichen Unruhen, die über die Jahrhunderte hinweg die Reichen und Mächtigen immer wieder gestört hat. Aber sie muß verbunden bleiben mit der Fülle und Stringenz einer religiösen Gesamtschau. Oder besser: mit der Menschheitserkenntnis des jüdischen Monotheismus.

Das Gespräch mit Frau Schottroff dreht sich nicht um ihr Buch. Sie denke heute an vielen Punkten über ihren zehn Jahre zurückliegenden Ansatz anders, sagt sie. Ich erfrage Anschriften von amerikanischen Archäologen und Neutestamentlern und freue mich besonders, auf eine feministische Linie zur Rekonstruktion urchristlicher Ursprünge zu stoßen. In Erinnerung bleibt mir übrigens die kurze Antwort auf meine Frage, was denn der Ertrag der feministischen Betrachtung des historischen Jesus sei: »Es geht bei Jesus um Macht in Beziehungen. Er wird in der synoptischen Tradition als gebend und nehmend geschildert, nicht nur als Herr, sondern auch als Hörender, Wartender, Öffnender.« Also als Starker und Schwacher, sage ich. Ja.

Bedeutende Frauen in der Nähe Jesu

1. Juni

Nach Dreharbeiten während der Weltmissionskonferenz in San Antonia/USA mache ich in Boston einen kurzen Zwischenstop. Ich möchte Elisabeth Schüssler-Fiorenza besuchen. Von Frau Schottroff hörte ich, daß die Bostoner Professorin eine der konsequentesten feministischen Neutestamentlerinnen sei. Sie ist katholisch. Unter anderem hat sie das Buch »Zu ihrem Gedächtnis« geschrieben, eine »feministisch-theologische Rekonstruktion der christlichen Ursprungsgeschichte«. Das hat mich nach der Archäologie und biblischen Geographie neugierig gemacht.

Im sechsundzwanzigsten Stock eines Bostoner Hotels sitze ich bei Apfelsinensaft und versuche das Buch von Frau Schüssler-Fiorenza auf einen Punkt zu bringen. Es sind sehr plausible Details, die ein anderes, oft auch nur bestätigendes Licht auf die Gestalt Jesu aus Galiläa und seine Bewegung werfen. Da ist zunächst die vertraute Einsicht, daß Jesus als Radikaler nicht gegen jüdische Positionen auftritt, sondern als innerjüdischer Erneuerer zu verstehen sei. Er stellt eine jüdische Alternative zu den antiken patriarchalischen Strukturen dar. Der Gott Jesu – so scharf habe ich mir das bisher nicht klargemacht – ist eigentlich kein Gott, der Sühne verlangt. Seine Worte und Gleichnisse zeichnen sich eher durch Güte, Gnade, »Wohlschaffendes« aus. So ist auch die Reich-Gottes-Predigt Jesu für Frau Schüssler eine »Praxis des umfassenden Heil-Seins«, wie es in den Seligpreisungen, der Tischgemeinschaft mit den »ZöllnerInnen«, »SünderInnen« usw. deutlich wird. Diese frühe Tradition ist eine Aufforderung, alle Macht- und Herrschaftsstrukturen aufzugeben. Deshalb werden Kind und Sklave zum Paradigma der wahren Nachfolger. Das klingt wunderbar. Aber wie konnte es dann doch zu einer Männerkirche kommen?

3. Juni

Das Haus von Professor Elisabeth Schüssler-Fiorenza liegt am Cambridge-Hospital. Der Kameraassistent findet den Eingang zu schlicht für eine Professorin im renommierten Boston. Frau Schüssler begrüßt uns im gelben Kleid, eine etwa fünfzigjährige, freundliche Dame, mit der ich feministische Radikalität schlecht verbinden kann. Die Wohnung wirkt aufgeräumt, wir müssen uns einen guten Interviewplatz erst konstruieren.

Während die Kollegen die Kamera aufbauen, bespreche ich mit Frau Schüssler die Fragen. Es gehe ihr nicht primär um den historischen Jesus, sagt sie, sondern um den Erweis, die verschütteten Frauenschicksale des Neuen Testamentes wieder sichtbar zu machen. In der Nähe Jesu und in der frühen Jesusbewegung hätte es bedeutende Frauen gegeben. Dies sei später nicht nur vergessen, sondern sogar bekämpft worden. Mit dem Heidelberger Neutestamentler Gerd Theißen habe sie sich auseinandergesetzt, erzählt sie. Es sei sicher zu einseitig, die Durchsetzung des Christentums im Mittelmeerbereich allein mit dem Liebespatriarchat innerhalb der griechisch-römischen Welt zu verbinden. Solches habe es zwar gegeben, aber Wanderradikalismus und Liebespatriarchat gehörten zusammen ... Das Interview in seiner vollen Länge entfaltet diese Thesen schärfer. Ich möchte es noch einmal nachlesen, wenn es abgeschrieben ist.

Eher für Fachleute: Das leere Grab im Streit der Theologen

13. Juni

Nach einem Autorengespräch und einer Rohschnittabnahme in München werde ich morgen als Gast in das Seminar der Professoren W. Pannenberg und G. Kuhn gehen. Beide behandeln zusammen in diesem Sommersemester die Frage »Jesus-Eschatologie-Christologie«. Professor Kuhn ist Neutestamentler. Ich habe ihn bei Ausgrabungen im galiläischen Bethsaida kennengelernt. Der Münchner Professor hat sich u. a. intensiv mit den Schriftrollen aus Qumran befaßt. Professor Pannenberg kenne ich seit den 60er Jahren. Er war damals ein junger Professor, bei dem man viel über mittelalterliche Philosophie und über Hegel lernen konnte. Noch immer habe ich ein dickes Buch von ihm, das den Titel »Grundzüge der Christologie« trägt.

Pannenberg fand seit den 60er Jahren zahlreiche eifrige und treue Schüler, obwohl für manchen die gelehrte Art, mit der er seine Thesen verteidigte, allzu rationalistisch blieb. Der Professor hat gegen den Trend der »Wort-Gottes-Theologie« – eine Theologie, die streng von der Offenbarung ausgeht und aus ihr christliches Denken entfaltet – stets eine »Theologie von unten« vertreten. Begründungszusammenhänge müssen sichtbar werden, Argumente statt Bekenntnisse, Weltgeschichte statt Seelengeschichte. Das hat viele überzeugt, auch mich.

14. Juni

Das Seminar im 3. Stock eines Münchner Universitätshauses läuft langsam an. Ich empfinde, daß es lockerer zugeht als früher. Heute sind die Auferstehungsberichte des Neuen Testaments an der Reihe. Gerade zu dieser Frage hat Pannenberg viel geschrieben. Im Gefolge seines Ansatzes wendet er sich gegen eine »Christologie von oben«, gegen den Ausgangspunkt in der »Gottheit Jesu«, der nicht an der Geschichte, sondern nur daran interessiert ist, wie die zweite Person der Trinität – der Logos – eine menschliche Natur angenommen hat. Es ist klar, daß damit die geschichtliche Besonderheit des Mannes aus Nazareth und auch der zeitgeschichtliche, jüdische Hintergrund übersehen werden kann. »Trinität, Inkarnation, Christologie von oben« – das ist auch für mich eine wunderbare Art, das Christusgeschehen zu interpretieren und auf jenen Punkt zu bringen, der klare Abgrenzungen schafft. Aber »Christologie von oben« kann nicht der Ausgangspunkt zum wirklichen Verstehen der alten religiösen Sprache sein.

Pannenberg fordert seit langem eine »Christologie von unten«, die sich in erster Linie an der Botschaft und am Geschick Jesu orientiert und erst dann zum Inkarnationsgedanken kommt.

Besonders überzeugend war und ist für mich die Anmerkung Pannenbergs, daß wir uns als Menschen nicht auf den Standpunkt Gottes stellen können, um gleichsam von oben den Weg des Sohnes in die Welt hinein zu verfolgen. Eine »Christologie von unten« ist demgegenüber am geschichtlichen Weg der historischen Gestalt interessiert. Das ist plausibel, auch wenn das geschichtliche Interesse Pannenbergs allzu theologisch-systematisch wirkt. Letztlich steht bei Pannenbergs geschichtlichem Interesse an Jesus immer dessen »Einheit mit Gott« im Hintergrund, die es aus der Geschichte zu entfalten gilt. Dies stört mich, weil es der Komplexität und der Geheimnisstruktur von Wirklichkeit letztlich nicht gerecht werden kann. Wie ist außerdem »Einheit« – auch »von unten« begründete – zu formulieren, wenn wir von einer Gottesvorstellung »Gott im Werden der Welt« ausgehen sollten?

»... 500 Brüdern ist er erschienen«

Pannenbergs Sicht »von unten« führt logischerweise dazu, daß die Auferstehung Jesu als »historisches Ereignis« ein ungeheures Gewicht »von unten« bekommt. Denn in dieser Auferstehung wird der Weg des geschichtlichen Jesus und dessen Vollmachtsanspruch für die damaligen Menschen greifbar, sichtbar, erfahrbar und als objektive Realität bestätigt. Deshalb muß auch das Grab Jesu leer, wirklich leer gewesen sein.

Ich merke, daß ich mich auf solche Gedankengänge eigentlich gar nicht einlassen möchte, und erinnere mich an ein früheres Gespräch mit einem Freund, der damals sagte: »Andere Probleme als jene, ob das Grab Jesu zu Ostern leer war oder nicht, haben wir wohl nicht.«

Dennoch stellt sich in diesem Seminar erneut heraus, daß die Auferstehungsfrage offensichtlich eine Gretchenfrage christlicher Theologie ist. Die Tradition von 1. Kor. 15 muß alt und relativ dicht am Todesjahr Jesu liegen, also nur wenige Jahre danach fixiert worden sein. Es werden für die damalige Zeit befragbare Personen genannt, auch eine Gruppe von »fünfhundert Brüdern«, denen Jesus erschienen ist. Pannenberg hat sich bereits vor vielen Jahren heftig dafür eingesetzt, daß die alte Auferstehungstradition einen historischen Kern haben müßte.

Professor Kuhn, äußerst skeptisch gegenüber Pannenberg, weist im Münchener Seminar darauf hin, daß Paulus zumindest die Aussage vom leeren Grab nicht brauchte, denn bei ihm spiele sie keine Rolle. »Der Gedanke, daß ein Leichnam auferstehen muß, ist nicht nötig.« Dies führe in die Irre, meint Pannenberg. Es handele sich um »eine Verwandlung, einen neuen Leib, der nicht materiell identisch sei, wohl aber die Identität des Subjektes voraussetze«.

Dazu meint Kuhn: Es geht bei Paulus um eine Erscheinung vom Himmel her. Verlangt dieser Gedanke auch ein leeres Grab? Ein Student erinnert daran, daß für jüdisches Denken der Leichnam äußerst wichtig sei. Zur Auferstehung gehören auch die alten Knochen. »Wenn man den Leichnam Jesu damals hätte finden können, wäre es schwierig gewesen, von der Auferstehung Jesu zu sprechen.« Pannenberg: »Genau.« Erscheinungen waren geschichtlich sicher das erste. »Aber die Entstehung einer Urgemeinde in Jerusalem ist nicht vorstellbar, wenn das Grab nicht leer gewesen wäre.« Kuhn bleibt dabei: Das leere Grab ist historisch zweideutig. »Am leeren Grab hängt der christliche Glaube nicht.« Pannenberg: »Die Osterbotschaft hängt an der Historizität der Auferstehung. Das ist eine logische Aussage.«

Der Dialog, den ich hier kurz gefaßt und sicher auch ein wenig entstellt wiedergebe, zieht sich über eine Stunde hin. Nachdem ich mich widerstrebend auf das Thema eingelassen habe, finde ich es einigermaßen spannend. Und doch: Wird die biblische Sprache nicht zu konkretistisch verstanden? Sind die literarischen Zeugnisse der Bibel nicht auch hier Ausdruck des Versuches, das Unsagbare sagbar zu machen, damit es weitergegeben werden kann?

Die Vorstellung von der Auferstehung des Menschen ist eine der größten Hoffnungsperspektiven, die im Menschen steckt. Diese Auferstehungshoffnung mit dem Leben, dem Geschick, mit der

Person des geschichtlichen Jesus von Nazareth zu verbinden, ist der menschheitsgeschichtliche Schnittpunkt der Entstehung einer neuen Glaubensbewegung aus dem Judentum. Meine Frage: Müßten wir dennoch nicht in aller Bescheidenheit beim konkreten Menschen bleiben, bei der Einmaligkeit und Unerklärlichkeit seiner existentiellen Erfahrung, weil die Auferstehungshoffnung eben nur persönlich und mystisch, vielleicht auch enthusiastisch, aber eben doch nicht logisch rekonstruierbar ist?

Pannenberg hat es eilig nach dem Seminar. Er verschwindet mit seiner alten Aktentasche, ohne daß man ihm noch eine Frage stellen kann. Als bedeutender Theologe wird er sich vermutlich heute noch ganz anderen Themen widmen, denn die Historizität der Auferweckung hat er bereits in seiner Christologie von 1964 ausreichend begründet.

Als ich abends nach Frankfurt zurückfliege und im verspäteten Flugzeug gerade noch einen Platz finde, habe ich das Gefühl, daß die spannende Frage des Seminars nicht wirklich weiterhilft. Vielleicht erklärt sie die historische Situation der Entstehung der Urgemeinde. Aber für mich und all die anderen hier über den Wolken wäre sie kaum etwas Tragfähiges zum Überleben.

Der vorösterliche Jüngerkreis blieb der Träger des nachösterlichen Glaubens

23. Juni

Noch einmal suche ich die Verbindung zu einer theologischen Fakultät. Zwischen der redaktionellen Arbeit und der Vorbereitung auf völlig andere Programme im Herbst möchte ich das Jesus-Thema nicht aus den Augen verlieren. Vielleicht kann ich im November oder im Februar tatsächlich auch die Dreharbeiten in Israel fortsetzen.

Gegen Mittag telefoniere ich mit der Universität Heidelberg. Ich suche Professor Gerd Theißen, den Neutestamentler, der vielen in den achtziger Jahren als erster wieder die Frage nach dem historischen Jesus und Probleme der urchristlichen Entstehungsgeschichte schmackhaft gemacht hat. Er sei an der Universität oder im Seminar, höre ich. Wie denn das Thema laute, frage ich. Nach heftigem Blättern und Suchen ist zu erfahren, daß es um »Armut, Armutsverzicht im Urchristentum« gehe.

Theißen hat den »urchristlichen Liebespatriarchalismus« ausführlich und breit entfaltet. Im Gegensatz zur Jesusbewegung, die in Palästina von wandernden charismatischen Predigern geprägt war und damit ein Stück des Lebens Jesu fortsetzte, ist der Liebespatriarchalismus in den frühchristlichen Gemeinden der griechisch-römischen Städte verankert. Aus diesem Milieu entwickelt sich das Bischofsamt, und hier auch hat die urchristliche Literatur ihren Entstehungsort – so Theißen.

Ich rufe den Heidelberger Neutestamentler zu Hause an. Bereits vor Jahren habe ich ein Interview mit ihm gemacht. Theißen versucht wie kein anderer, eine soziologische Fragestellung an das Neue Testament heranzutragen. Er will »typisches zwischenmenschliches Verhalten in der Jesusbewegung beschreiben und seine Wechselwirkung in der jüdisch-palästinensischen Gesamtgesellschaft« analysieren. Diese Methode hat es sogar ermöglicht, eine Art »historische Jesusforschung in erzählender Form« als Buch vorzulegen.

Das erzählende Werk hat den Titel »Der Schatten des Galiläers« und will in einer frei erfundenen Rahmen-Handlung ein Bild von Jesus und seiner Zeit entwerfen, das dem derzeitigen Stand der Forschung gerecht wird.

Theißen meldet sich zu Hause mit schwacher Stimme. Er arbeitet und möchte eigentlich nicht gestört werden. Ähnliches hat er mir vor einem Jahr bei vergleichbarem Anlaß auch gesagt. Ich frage, ob ich am Dienstag als stummer Gast am Seminar teilnehmen kann. Warum nicht? Dann wird der Professor gesprächiger und schildert ein wenige den Stand der Seminararbeit. Es gehe um Lukas-Texte, denen er andere historische Texte gegenüberstelle, um das Spezifische der urchristlichen Armut herauszuarbeiten. Das Seminar beginne bereits um Punkt zwei.

27. Juni

Es ist glühend heiß in der Heidelberger Altstadt. Das theologische Seminar hat seit den siebziger Jahren in einem neuen Gebäude unter dem Schloß seinen Platz gefunden. Der Seminarraum ist voll. Die Studenten neben mir unterhalten sich über Sommerkonzerte und Theateraufführungen. Theißen kommt, läßt die Fenster schließen und fragt nach dem Protokoll. Eine Studentin und ein Student lesen einige Sätze vor. Ich behalte mir wenig. Vielleicht nur soviel, daß im Lukas-Evangelium keine endgültige Verdammung der Reichen stattfindet.

Die Seminardiskussion um einen Brief des äthiopischen Hennoch – eine historische Schrift am Rande der Bibel – bringt für meine Fragestellung wenig. Ich blättere statt dessen in dem Büchlein Theißens »Soziologie der Jesusbewegung«, das die Frage nach der Kontinuität der Jesusbewegung zwischen dem historischen Jesus der Jahre 25–30 und der ersten Gemeinde nach dem Jahre 30 in erhellender Weise behandelt. Die Kontinuität zwischen Jesus und Jesusbewegung basiert nach Theißen auf der Einsicht, daß im äußeren geschichtlichen Ablauf zwischen den Jahren 25–30 einerseits und der Zeit der ersten judenchristlichen Gruppierung nach 30 keine wesentlichen Veränderungen stattgefunden haben. Auch der vorösterliche Jüngerkreis war und blieb der Träger des nachösterlichen Glaubens. Die Nachfolger des Jesus von Nazareth setzten zum Teil nach Ostern ihren Lebensstil als Wanderprediger fort. Daneben bildeten sich die ersten Ortsgemeinden aus Sympathisanten, die nicht den Stil der Wandercharismatiker fortsetzen konnten oder wollten. Es sind die heimatlosen Wandercharismatiker – zu denen herausragend der Apostel Paulus gehörte –, die das vorbereiteten, was sich später als Christentum gegenüber dem Judentum verselbständigte. Heimatlosigkeit, Familienlosigkeit, Besitzlosigkeit und Schutzlosigkeit verbinden sich bei diesem Personenkreis mit einem ethischen Radikalismus, der auch die baldige Veränderung aller Verhältnisse erwartet.

Das Seminar ist zu Ende. Theißen und ich gehen noch ein wenig in sein kleines Büro. Ja, er könnte an einer Sendung teilnehmen, aber er möchte über die richtige Formulierung vorher gründlich nachdenken. Die Fragenkomplexe lassen sich leicht umreißen, sage ich. Theißen ist damit zufrieden. Ich verspreche, ihm einen Vorbereitungsbrief zu schicken.

3. Juli

Hans Conzelmann, der alte Lehrer für Neues Testament an der Universität Göttingen, ist mit einundsiebzig Jahren gestorben. Er war ein Schüler des großen Rudolf Bultmann und teilte dessen Skepsis gegenüber dem historischen Gehalt des Neuen Testamentes. In den sechziger Jahren galt Conzelmann unter den Studenten als eine radikale Variante des Bultmannschen Ansatzes.

In einem kleinen Nachruf des »Spiegel« lese ich heute, im Mittelpunkt von Conzelmanns Hauptwerken stehe die Erkenntnis, »daß in den Schriften des Neuen Testamentes nicht vom historischen Jesus die Rede ist, sondern von einer theologischen Kunstfigur der biblischen Autoren«. Ja, Conzelmann sei davon ausgegangen, daß »die Kirche davon lebe, daß Ergebnisse der wissenschaftlichen Leben-Jesu-Forschung in ihr nicht publik sind«. Das trifft den Kern Conzelmanns und verfehlt zugleich dessen Intention vollständig. Das theologische Desinteresse an dem historischen Jesus wird hier zur Suggestion, daß das Bild des Mannes aus Nazareth in den biblischen Schriften ein Kunstprodukt sei, also etwas Künstliches und nichts Reales. Letztlich eine Projektion, hinter der keine geschichtliche Realität steht.

Daß diese Position ernsthafte, fromme, aber auch kritische Christen und Zeitgenossen, die dem Gewicht der biblischen Tradition gerecht werden wollen, zutiefst irritiert, ist nicht zu verwundern. Pannenberg und andere haben der nachwachsenden Generation einen neuen Respekt vor dem geschichtlichen Gewicht der alten Religion eingepflanzt und vor theologischen Kurzschlüssigkeiten gewarnt. Ich empfinde es als wohltuend, daß die heutige neustestamentliche Wissenschaft den Gesichtspunkt der Kontinuität wieder stärker betont. Sie wird damit dem Prozeß des Lebens gerecht. Leben, das sich erinnert und neu deutet, zuordnet und zurückfragt.

4.
Vertiefte Kontakte in Ton und Bild: Das Land als fünftes Evangelium

Wir sind die Späteren

17. Januar

Der zweite und letzte Drehtermin für die beiden Jesus-Filme rückt näher. Für Mitte Februar plane ich einen neuen Versuch. Die politische Lage in den besetzten Gebieten, wo wir drehen müssen, hat sich ein wenig beruhigt.

Während einer Redaktionssitzung werde ich auf die dramaturgische Frage der Filme angesprochen. Einige Kollegen meinen, historische Themen der Bibel eigneten sich nicht für Dokumentationen, bestenfalls für das Fernsehspiel oder den großen Spielfilm.

Ich denke, man sollte Schwierigkeiten bei der Annährung an das Thema im Film selbst ansprechen. Das verlangt den »Ich-Stil«, die subjektive Erzählung und Reportage. Vielleicht sollte ich auch Probleme während der Dreharbeiten nicht verschweigen. Distanz und Nähe zum Historischen werden dadurch sichtbarer.

28. Januar

Eckhard B. ruft an. Er hat den Film »Jesus von Montreal« gesehen und empfiehlt ihn. Junge Leute inszenieren die Jesus-Geschichte und werden dabei selbst ein Stück dieser Geschichte. Ähnlich sei es, wenn ein Redakteur mit seinem Kamerateam nach Israel reise, um am See Genezareth die Wege der Bibel neu zu gehen. Wenn dort die alten Texte noch einmal gelesen und die Steine noch einmal neu betreten werden. Geschichte wird im heutigen Menschen wiederholt – meint Eckhard – und ist zugleich etwas gänzlich Neues. Wir sind die Späteren, die mehr wissen und zugleich das alte Wissen benötigen, weil wir sonst überhaupt nichts wissen.

12. Februar

In dieser Woche reise ich erneut nach Israel. Ich habe mit Freunden und Bekannten Termine vorbereitet. Der Archäologe Meir Ben-Dov, der Ausgräber des Tempelbezirkes unterhalb der südlichen Mauer, soll zur Mitarbeit gewonnen werden. Andere Archäologen, die den alten Wohnbezirk im Schatten des Herodianischen Tempels wieder ans Tageslicht brachten, habe ich anschreiben lassen. Die Franziskaner in Kapernaum möchte ich interviewen. Und natürlich denke ich auch wieder an die jüdischen Neutestamentler Professor David Flusser und an Professor Schalom Ben-Chorin. Außerdem möchte ich aus didaktischen Gründen eine wissenschaftlich orientierte Reisegruppe für zwei Tage in Israel begleiten.

Aber es läßt sich nicht verschweigen, daß der Redakteursalltag die Konzentration auf das Thema »historischer Jesus – christliche Ursprungsgeschichte« ständig behindert. Die deutschlandpolitische Diskussion belebt die Phantasie. Die religiöse Frage ist immer auch eine Frage danach, was an einem bestimmten Zeitpunkt Kopf und Herz erfüllt. Dabei können die Themen wechseln, ob es nun Fußball, Auto, politischer Alltag, Liebe, Trauer oder Berufsärger ist. Also, die Frage nach Jesus hat es schwer.

15. Februar

Herr H. von der Jerusalemer Redeemer-Church holt mich am Flugplatz in Tel Aviv ab. Es ist noch kühl in Israel, und so recht habe ich diesmal nicht das Gefühl, im »Heiligen Land« zu sein. Hoffentlich gelingt es, jene Intuition zu entwickeln, die für die Beendigung eines Filmes über ein historisches Thema mit aktuellen Ausläufern notwendig ist. Je öfter man nach Jerusalem und Israel kommt, desto selbstverständlicher wird der heutige Alltag. Der Mythos verschwindet. Desto dichter liegt das Heute vor dem Früheren. Abends laufe ich noch einmal zur Klagemauer hinunter. Alles ist so wie beim letzten Besuch. Es sei nicht viel passiert, meint Herr H., nur vor drei oder vier Wochen wurde ein junges Mädchen erstochen ...

16. Februar

Die Kontakte zu den verschiedenen Orten, an denen wir drehen werden, müssen noch einmal vertieft werden. Bethlehem, Nazareth, Kapernaum, Jerusalem, der Teich Bethesda, der Tempelberg ...

Heute gehe ich zunächst zu einem Büro hinter dem Hotel Notre Dame, in dem – wie ich höre – zwei katholische Theologen mit guten Verbindungen zur archäologischen Szene arbeiten sollen. Ein Kaplan, Alttestamentler und selbst Archäologe, erzählt mir von seinen Zweifeln an der heutigen archäologischen Arbeit in Palästina. Kritische Anfragen höre ich auch gegenüber anderen Aktivitäten in Nazareth, Kapernaum und Tabga. Loffreda und Corbo, die weltweit bekannten Ausgräber des biblischen Kapernaum, säßen auf ihren Ergebnissen. Jeder sei nur an seiner Sache interessiert.

Später suche ich Professor Bargil Pixner, den alten Bekannten, in der Dormitio-Abtei. Ich treffe ihn zufällig. Schnell kommt er zum Thema. Er habe etwas Neues zu Nazareth geschrieben. Jesus stamme aus einer Sippe, die als »Nazaräer« etwa 100 bis 200 vor Christus aus Babylon in das damals nicht-jüdische Land zurückgekehrt sei.

Die Sippe sei pharisäisch gewesen. Jesu Gegensatz zu den Pharisäern sei historisch nicht so streng gewesen, wie es in der Bibel klinge. Die ablehnende Sicht sei erst durch die redaktionelle Bearbeitung hinzugekommen.

Auf den Spuren des Herodes

19. Februar

Nach unzähligen Telefongesprächen und der Wiederbelebung alter Kontakte bin ich gestern über Kairo nach Amman geflogen. Bereits um zehn vor sieben läutet das Telefon im Hotelzimmer. Professor Strobel, der Archäologe und Direktor des Deutschen Evangelischen Institutes für Altertumswissenschaft, sitzt unten in der Lobby und fragt mich, wie unser heutiger Tag gedacht sei.

Der Wissenschaftler wirkt am Telefon ein wenig aufgeregt. Ich sage, das jordanische Kamerateam könne erst nach acht Uhr kommen. Außerdem müßten wir zunächst die Botschaft anrufen, um die Rückkehr über die Allenby-Brücke genehmigen zu lassen. Gut, er sei – so sagt er – unten im Hotel und warte noch etwas. Er habe mir außerdem etwas Wichtiges mitzuteilen.

Gegen halb acht gehe ich hinunter und lade Professor Strobel zum Frühstück ein. Er erzählt mir mehrere Geschichten gleichzeitig. Da ist zunächst Machärus, die Festung des Herodes. Hier wurde Johannes der Täufer ermordet, nachdem die Stieftocher eines Herodessohnes von diesem eine Belohnung verlangt hatte. Die Bibel berichtet vom abgehauenen Kopf des Johannes auf dem Silbertablett. Genauer wird die Geschichte bei Flavius Josephus erzählt.

Er habe dann aber noch etwas Persönliches, etwas Phantastisches, sagt der Professor. Ich gestehe, daß ich unsicher war, ob ich ihn zum Erzählen ermutigen sollte. Strobel merkt dies und deutet nur an. Es gehe um die Grabesstätte Herodes des Großen. Ob er sie vielleicht gefunden habe. Nach langer Suche. Hier in Jordanien. Die israelischen Archäologen hätten sie drüben in Israel auf dem Herodein gesucht, ohne Erfolg. Ich frage nach den Indizien und bin skeptisch. Es gäbe zahlreiche Hinweise. Die Lage, das Versteck, die Zuordnung, die Nähe zu seiner geliebten Winteranlage in Kaliroe. Ich müßte mit ihm kommen. Der Professor sitzt wie ein großer Junge neben mir.

Ich weiß nicht, wie ich die Sache einschätzen soll. Archäologie hat eine Nähe zur Besessenheit. Sie kann zu blinder Leidenschaft werden. Ich möchte dem Professor in dieser Frage nicht folgen und weiß doch, daß die Entdeckung des Herodesgrabes – sollte sie sich bewahrheiten – sensationell wäre. Heute könnten wir nicht in diese Gegend fahren, sage ich. So etwas mache man nicht nebenbei. Ob wir die Sache nicht später drehen könnten. Vielleicht im Frühsommer? Möglicherweise mache ich einen Fehler.

Herodes ist derjenige, der Israel seinen unverwechselbaren Stempel aufdrückte, eine schillernde Gestalt, besonders als Bauherr des Tempels, der Stadt Cäsarea am Mittelmeer, des Herodeion in der Wüste. Ein Tyrann. Ein großer Taktiker und Römerfreund. Als Hasmonäererbe war er gar nicht Jude. Herodes ist das frühe weltliche Gegenstück zu Jesus von Nazareth, eine andere, harte Form von Weltlichkeit. Die Entdeckung seines Grabes würde in den Film passen.

Mit dem jordanischen Fernseh-Team, das keinen Ton englisch spricht, fahren wir im Jeep zur antiken Festung Machärus, die südlich der Stadt Madaba zu finden ist. Die Lage über dem Jordangraben im Gebirge ist unbeschreiblich schön: Tausend Meter tiefer liegt das Tote Meer, auf der anderen Seite das galiläische Wüstengebirge, bei klarem Wetter wäre auch Jerusalem siebzig Kilometer entfernt oben auf dem Berge sichtbar. Hier also hat einer der Söhne des großen Herodes – Herodes Antipas, der im Neuen Testament öfters mit dem »großen« Herodes gleichgesetzt wird – Johannes den Täufer ermorden lassen. Vermutlich geschah es so, wie es Josephus berichtet: aus Angst vor einem religiös Radikalen, der bei den Massen zunehmend an Einfluß gewann, unberechenbar war und gefährlich wurde.

Wir finden die Bodenplatten des großen Festsaals, Mauerreste, zum Teil noch in den alten Putzfarben, die Ansätze der Wasserversorgung und ringsherum – Professor Strobel hat alles vermessen – die Lagerstellen der Römer und Schutzmauern. Machärus ist für die biblische Geschichte ein bedeutender Ort.

Tausend Meter unter uns liegt das Tote Meer. Der Abstand beträgt kaum mehr als 8–10 Kilometer Luftlinie. Gestern hat es so geregnet, daß der Flugplatz von Amman für Stunden gesperrt wurde. Die Wadis führen Wasser. Teile der äußerst einfachen Pfade könnten weggeschwemmt sein. Sollen wir uns einen Weg mit dem vierrad-angetriebenen Jeep suchen? Zweimal fahren wir zurück in das heutige Dorf Machärus, um den Bürgermeister zu fragen. Vielleicht könnte er mitfahren, meint Professor Strobel. Aber der Bürgermeister will nicht. Wie sollte er zurückkommen? Also lassen wir uns den Weg erklären und beginnen die gefährliche Abfahrt mit dem robusten Fahrzeug allein.

Ein zweites Mal würde ich diese Fahrt nicht wagen. Durchgängig fuhren wir Schrittempo, überall Steine, rutschiger Sand, Vorsprünge, denen wir nach den starken Regenfällen nicht trauen konnten. Und rechts und links Hunderte von Metern Abgrund. Für zehn Kilometer brauchten wir zwei Stunden.

Schließlich sind wir dreihundert Meter unter dem Meeresspiegel, am Toten Meer. Professor Strobel will uns sein archäologisches Werk zeigen. Die Ausgrabungen auf einer Platte direkt am Meer lassen ein großes Bauwerk erkennen. Hier wollte Herodes im Alter seinen Rheumatismus und vermutlich auch seine Syphilis heilen. Es gab heiße Quellen, die von August Strobel wieder freigelegt wurden. Kaliroe, zu deutsch »Schönbrunn«, ist eine beachtliche Anlage mit Säulen, langen Mauern, Bädern, Treppen, starken Befestigungen. Wiederum muß ich den Professor bremsen. Er fängt überall an, mir etwas zu erklären, sprunghaft und begeistert. Ich muß ihn dämpfen, um den Anschluß an das Team nicht zu verlieren. Die Kollegen können nur an einer Sache arbeiten und erwarten Drehvorschläge.

Später auf der Rückfahrt nach Amman frage ich nach der Verbindung des Täufers zu Qumran, zu der Essener-Gemeinschaft. Qumran liegt in unmittelbarer Nähe auf der anderen Seite des Toten Meeres und des Jordans. Eine Verbindung zwischen Johannes und Qumran sei nicht völlig ausgeschlossen, meint auch Strobel. Aber Jesus habe wirklich nichts mit dieser Gemeinschaft zu tun. Damit sei allerdings noch nichts zur Bedeutung Qumrans als Hintergrund der Jesusbewegung gesagt.

Gegen eine direkte Verbindung Jesu mit Qumran oder gar einen Aufenthalt des Mannes aus Nazareth in der dortigen Gemeinschaft während der Jahre, über die das Neue Testament nicht berichtet, spräche besonders Jesu Verbindung zum Tempel. Wer im Tempel die Schriftauslegung mit den Pharisäern diskutiere, könne nichts mit den Essenern zu tun haben. Außerdem habe Jesus einen anderen Kalender als die Gemeinschaft von Qumran vertreten.

Da ich an der Nordspitze des Toten Meeres zum ersten Mal auf der Ostseite des Jordans bin, kann ich erst jetzt erkennen, wie eng Jerusalem, Jericho und die Region des Ostjordanlandes zusammengehören. Die Geschichte endet nicht auf der Westbank, wie manche glauben möchten. Das Gebiet des heutigen Jordanien gehört entscheidend mit zur neutestamentlichen Geschichte. Noch mehr allerdings ist die Region für das Hebräische Testament, für das alte Israel, bestimmend.

Wir sind wieder in Amman angekommen, der Stadt, die in der Antike Philadelphia hieß. Sie wird als eine Gründung des Stammes der Ammoniter betrachtet. Heute ist die riesige Millionenstadt auf den zahlreichen Hügeln die Hauptstadt Jordaniens. Amman und Jerusalem sind verwandte Städte. Feindschaft bestimmt ihr Verhältnis. In absehbarer Zeit wird es keinen Frieden geben.

Alte Religion und eigene Religion

20. Februar

Mit einem Botschaftsangestellten fahre ich im Taxi hinunter zur Allenby-Brücke, der einzigen Verbindung zwischen Israel und Jordanien über den Jordan. Der Weg führt durch eine archaische Landschaft hinab in den Jordangraben. Die Steinwüste ist jetzt im beginnenden Frühling noch grün. Im Sommer wird alles in dumpfer Hitze grauweiß und leblos sein. Eine unwirkliche Landschaft mit riesigen Bruchflächen, Steinplatten und Senken, die in dieser einmaligen Erdzone kaum Zeit für Spekulatives lassen. Warum gründete sich die jüdisch-christliche Religion gerade hier in einer phantastisch konkreten und zugleich irrealen Schöpfungsszenerie? Da man überhaupt nichts davon in den biblischen Schriften, zumindest im Neuen Testament, spürt, frage ich mich erneut nach dem Naturverständnis der alten Religion. Offensichtlich haben endzeitliche Erwartungen so viel Energie verbraucht, daß Urzeitliches nicht mehr wahrgenommen wurde.

Die Allenby-Bridge ist auf jordanischer wie auf israelischer Seite ein Dokument des Krieges, von dem man nicht erwartet, daß er bald zu Ende gehen könnte. Nach kräftigem Handeln lassen wir uns von einem arabischen Taxifahrer über besetztes Gebiet an Jerusalem vorbei nach Tel Aviv bringen. Ich habe dort am Flughafen einen Mietwagen abgestellt.

Im Hotel von Herzlia liegen Informationen für mich. Neue Kontakte, die sich aus alten Recherchen ergeben, bieten sich an. So stoße ich auf der Suche nach den Ausgräbern von Kapernaum auf den Franziskaner-Professor Frederic Manns. Die ersten Ausgräber Loffreda und Corbo, die in den wissenschaftlichen Publikationen zu Kapernaum immer wieder auftauchen, sind heute alte Herren, die zu befragen – wie mir in Jerusalem gesagt wurde – schwierig sei. Frederic Manns ist am Telefon freundlich. Er gilt als Experte für das Judenchristentum. Morgen werde er für uns nach Kapernaum kommen.

Zunächst werden wir morgen früh jedoch mit dem Hubschrauber über das galiläische Land fliegen, um von oben einen Überblick vom Wirkungsbereich Jesu zu bekommen. Ich werde schon vor sechs Uhr von Herzlia nach Tiberias aufbrechen.

21. Februar

Eine mehrstündige Autofahrt durch das heutige Israel kann einen Europäer, der sich vorrangig für die alte Geschichte des Landes interessiert, nachdenklich stimmen. Besonders die lange und landschaftlich unterschiedliche Strecke zwischen Tel Aviv und dem See Genezareth ist dazu geeignet. Die Zeit von damals ist vergangen, denke ich, nachdem ich bereits seit Sonnenaufgang in Richtung Norden unterwegs bin. Der Hubschrauber wartet in Obergaliläa, an der Grenze zum Südlibanon. Der Berufsverkehr in der dicht besiedelten Küstenregion hat begonnen. Was hilft die Rekonstruktion der alten Religion, frage ich mich, wenn der heutige Alltag die Möglichkeit selbstverantworteter Religion kaum erfahrbar macht?

Kurz nach Cäsarea fällt mir dazu eine These ein: Alte Religion ist das beste Einstiegstor zu einer eigenen Form von Religion. Inwieweit eine bleibende Verbindung zurück in die Geschichte notwendig ist, kann ich nicht sagen.

Der Wächter in Kapernaum ist schroff

Gegen acht Uhr dreißig schwebt der Hubschrauber ein. Ich werde kontrolliert, zeige den Paß vor und muß etwas unterschreiben. Kameramann Grego bereitet indessen mit seinem Assistenten die Kamera vor. Es werde kalt, meint er, und zieht seinen gefütterten Parka an. Der Pilot hängt die Tür aus, ich laufe gebückt zu meinem Platz nach vorn.

Sehr sanft und niedrig fliegen wir über Galiläa. Die Äcker liegen in dunklem Braun unter uns. Die Steine sind abgelesen und lagern wie in Mustern an den Feldrändern. Wir gleiten zunächst die Hänge hinauf, kaum dreißig Meter über dem Grund.

Grego beginnt auf den Höhen des Berges Tabor zu drehen. Der Tabor gilt seit frühester Zeit in den Schriften als ein mythologischer Berg, als Ort der Begegnung des Menschen mit dem Unbeschreiblichen. Auf einem nahen Hang liegt die Stadt Nazareth, die wir morgen besuchen werden.

Der Weg von dem kleinen Dorf Nazareth hinunter an den See ging vor zweitausend Jahren zunächst über Wiesen und Felder. Dann kommt plötzlich ein Steilabfall hinab zum See. Die alten Schriften bezeichnen diesen Ort als »Arbel«, ein gewaltiges Felsen- und Klippengelände. Der Arbel liegt an diesem Morgen noch im Schatten der Sonne, aber die Höhlen – sie waren früher häufig Zufluchtsorte für Verfolgte und Widerstandsgruppen – sind gut zu sehen. Unten am See Genezareth ist alles dicht beieinander. Zunächst das Siebenquellengebiet mit einer flachen Küste, wo

Tabga liegt. Wir drehen eine Schleife und sehen oben über dem Hang, der sich mit der Bergpredigt verbinden könnte, die italienische Kirche der Seligpreisungen.

Kapernaum ist aus der Höhe am schönsten. Leider wird über einen Teil der Ausgrabungen eine massive Rundkirche gebaut. Wer kann sich eine solche Planung ausdenken und wer genehmigt sie? Als wolle man etwas in Besitz nehmen. Nur wenig weiter nach Osten ist von oben ein ausgetrockneter Flußstreifen zu sehen. Es muß sich um einen alten Arm des Jordan handeln.

Der Wächter von Kapernaum ist schroff und abweisend wie bei früheren Besuchen. Zwar sind wir angekündigt und werden erwartet, aber zunächst sind hundert Dollar fällig, bar. Zwischenzeitlich ist auch Professor Frederic Manns aus Jerusalem angekommen, ein sympathischer und jugendhafter Franziskaner. Er steht mit zwei Herren am Eingang des neuen Kapernaum-Gebäudes. Einer der Herren ist Stanislao Loffreda, den ich vor Wochen angeschrieben habe. Er gilt als einer der großen christlichen Archäologen Israels, ein älterer Herr, selbstkritisch, unnahbar und skeptisch. Es gelingt mir in einem kurzem Gespräch, ihn zu einem Interview bei den Ausgrabungen zu gewinnen. Zwischenzeitlich hat er allerdings noch einen Wutausbruch auf italienisch, den ich fälschlicherweise auf das Kamerateam bezogen erlebe.

Kapernaum wäre eine große filmische Dokumentation wert. Die Ausgrabungen hier sind näher an der biblischen Problematik und den Fragen des frühen Christentums als irgendwo sonst. Die ausgegrabene, teilweise rekonstruierte Synagoge aus Sandstein steht auf den Fundamenten eines anderen großen Gebäudes der früheren Zeit. Der Streit geht seit Jahren um die Datierung. 10 000 Bronzemünzen wurden gefunden. Warum – fragt man sich – wurde kaum dreißig Meter neben der Synagoge in byzantinischer Zeit, also im 4. Jahrhundert, eine Kirche gebaut? Sollte damals bereits das Haus eines Petrus gesichert werden?

Tatsächlich ist die Geschichte jenes Teils von Kapernaum, in dem seit dem 1. Jahrhundert das Haus des Petrus angesiedelt wird, aufschlußreich. Bereits sehr früh, in der Zeit zwischen 50 und 100 n. Chr. wird ein Haus innerhalb des Wohnkomplexes südlich der Synagoge in augenfälliger Weise ausgebaut. Der Name »Petrus«

wird genannt. Man findet Angelhaken. Der Ausbau deutet auf einen kirchlichen Versammlungsraum hin, über den dann in späteren Jahrhunderten eine prachtvolle achteckige Kirche gebaut wird. Sehr früh hat sich demnach mit diesem Ort eine wichtige Tradition verbunden.

Kapernaum liegt an einer Nebenstraße der alten römischen Via Maris. Der Ort befand sich im 1. Jahrhundert nicht weit von einer Grenzstation, die hinüber in die Dekapolis an das Ostufer des Sees führte. Zur Zeit Jesu war Kapernaum zwar nicht bedeutend. Mit einer Synagoge, einer Zollstation und einem römischen Militärlager hatte es im Umland jedoch einiges Gewicht.

Die archäologischen Befunde ergänzen das, was wir aus den literarischen Quellen von Kapernaum wissen. Jesus zieht in diese Stadt, um Nachfolger zu finden. Die ersten sind wohl Fischer vom See Genezareth. Was vor zweitausend Jahren im einzelnen historisch geschah, kann offenbleiben. Sicher ist, daß er hier und in der Umgebung für eine bestimmte Zeit zahlreiche Menschen um sich sammelte. Kein Ort wird in den biblischen Berichten mehr herausgehoben als Kapernaum. Die Fundamente der »Wohninsel« zeigen, daß der Ort eng und dicht bevölkert war. Hier Gast zu sein, bedeutete Verzicht auf jeglichen Komfort. Die Texte sprechen übrigens davon, daß Jesus immer wieder nach Kapernaum, »seine Stadt«, kommt, um dort zu predigen, zu heilen und zu lehren. Die historisch-kritische Forschung läßt heute keinen Zweifel daran, daß die »Kapernaum-Tradition auf festen Fundamenten« ruht, wie der katholische Theologe Willibald Bösen die internationale Diskussionslage zusammenfaßt. Wahrscheinlich ist allerdings, daß Jesus erst *nach* seiner Begegnung mit Johannes dem Täufer an den See Genezareth zieht, also nicht direkt von Nazareth kommt, wo er vermutlich die längste Zeit seines Lebens vor seinem öffentlichen Auftritt lebte und arbeitete.

Die Evangelien bewahren geschichtliche Erinnerungen und spätere Deutungen, die auch historische Zusammenhänge neu ordnen und herausarbeiten. Einen harten Kern geschichtlicher Erinnerungen sehen Neutestamentler in der Geschichte von der Heilung der Schwiegermutter des Petrus. Auch die bei Markus im 2. Kapitel berichtete Heilung des Gelähmten gehört in diese Stadt.

Die archäologisch freigelegte Wohnsituation der »insula« erhellt die biblische Geschichte nachdrücklich. Die Straßen sind eng, die Menschen drängen sich, durch mehrere Innenhöfe wird der Gelähmte getragen, bis er schließlich durch das Dach hindurch zu Jesus hinabgelassen werden kann.

Kapernaum wird allerdings in den schriftlichen Quellen nicht nur positiv erwähnt. Gegen Ende des Wirkens Jesu müssen Enttäuschungen aufgekommen sein. Ein Wehespruch belegt: »Bis zur Hölle wird Kapernaum hinab müssen.« Dahinter versteckt sich eine Kritik an Jesus, die schließlich zu der beschriebenen Enttäuschung führt. Willibald Bösen, der das historische Material zu Kapernaum umfassend und kritisch zusammengetragen hat, meint: Zur Distanzierung zwischen der Bevölkerung und Jesus könnten u. a. folgende Punkte beigetragen haben: 1. Jesu Umgang mit Zöllnern und Sündern; 2. Jesu radikale Gesetzeskritik; 3. Jesu messianischer Anspruch, auch wenn die eigenverantwortliche Schriftauslegung durch den Rabbi aus Nazareth als wohltuend empfunden wurde.

Wer die Forschungsgeschichte Kapernaums und die Kombinationen der unterschiedlichen Steine und Stufen im einzelnen verfolgt, wird zum Spezialisten. Gut erkennbar stammt der dunkle Basalt von einer vorangegangenen Synagoge am gleichen Ort. Das wußte ich bereits von früheren Besuchen. Mit größter Wahrscheinlichkeit ist dies der Ort der im Neuen Testament erwähnten Synagoge Jesu. Hier hat er gepredigt, geheilt und Gleichnisse erzählt. Wie die heute sichtbare Nachfolge-Synagoge aus prächtigem Kalkstein in unmittelbarer Nähe der frühen Kirche zu beurteilen ist, wird kontrovers diskutiert. Fraglos war sie in den ersten Jahrhunderten herausragender Ort der jungen judenchristlichen Kirche. Die Gemeinde galt lange als »besonders christlich«, wie es im Votum eines Rabbiners am Ende des 4. Jahrhunderts heißt.

Kameramann Grego hat viel gedreht. Er ließ sich dabei von seiner Intuition leiten. Die Einzelheiten, die er ins Auge faßt, sind ihm keiner besonderen Erklärung durch die anwesenden Fachleute wert. Fasziniert ist er besonders von den wunderbaren Blumen in Kapernaum. Ich muß gestehen, daß es mir nicht gelingt, die Szenerie des Ortes mit einer religiösen Haltung zu verbinden. Jesus in Kapernaum? Das ist heute nicht mehr vorstellbar.

Kommt er aus Nazareth oder nicht?

22. Februar

Stammt Jesus aus Nazareth oder nicht? Früh am Morgen hole ich Frederic Manns in Tiberias ab, um mit ihm zu jenem Ort zu fahren, der nach der Tradition der Geburtsort Jesu sein soll. Bei der Golani-Kreuzung haben wir uns mit dem Team verabredet, um in Nazareth die Verkündigungs-Kirche zu besuchen. Manns kennt die Ausgrabungsgeschichte dieses Ortes und wird mir als Fachmann für die Geschichte des Judentums und der frühen judenchristlichen Gemeinden die Zusammenhänge erklären können.

Bei der Fahrt von Tiberias hinauf ins Gebirge entfaltet mir Pater Frederic, wie eng verbunden in den biblischen Texten Bericht *und* Deutung seien. Man habe eine bestimmte historische Tradition, und dazu werde eine bestimmte Wertung gesucht. So sei es wohl auch mit Nazareth. Die Familie des Jesus stamme vermutlich aus diesem Ort, der zur damaligen Zeit völlig unbedeutend war. Dann habe sich um den geschichtlichen Namen Nazareth die Tradition des »Nezer« gelagert, womit die Vorstellung vom »Sproß« aus dem Hause David verbunden war. Denkbar wäre es, daß die Familie Jesu auch in Bethlehem ein Haus hatte. Warum, frage ich. Aus welchen Gründen sonst hätte man sich bei einer Volkszählung dort aufhalten müssen, erwidert Frederic Manns. Warum dann aber die Hirten- und Stallgeschichte bei der Geburt? Ach ja, meint Pater Frederic lächelnd, »die Geburtsgeschichten sind äußerst kompliziert.«

Das Kamerateam ist noch nicht da. Wir warten am Straßenrand kurz vor der Abbiegung nach Nazareth. Mein Mitfahrer ist ein bescheidener, zurückhaltender Mensch, der es nicht wagt, eigene Themen ungefragt anzusprechen. Nur wenn er angestoßen wird, fängt er an zu erzählen. Ich muß gestehen, daß es mir ein ungewöhnliches Vergnügen macht, mich mit ihm zu unterhalten. Was Archäologie für ihn bedeute, frage ich. Manchmal werde diese Wissenschaft doch zu einer eigenen Religion. Ja, das stimme. Er kenne entsprechende Leute. Dennoch sei biblische Archäologie außerordentlich wichtig. Sie gebe den konkreten Hintergrund einer Geschichte wieder, die für Menschen bis heute bedeutend sei.

Pater Frederic erzählt mir von judenchristlichen Gemeinden der frühen Zeit. Sie seien bis ins 10. Jahrhundert nachweisbar und hätten vieles aufbewahrt, was die abendländische Christenheit vergessen hätte. Frühzeitig allerdings hätten sie die komplizierte dogmatische Geschichte der Heidenchristen nicht mitgemacht, wofür sie dann auch aus der ökumenischen Gemeinschaft ausgeschlossen wurden. Es habe blühende Gemeinden überall bis nach Südarabien gegeben. Mir fällt dazu ein, daß Mohammed mit großer Wahrscheinlichkeit über Judenchristen den Monotheismus kennengelernt habe und etliches im Islam aus dieser Quelle stammen müsse. Pater Frederic bestätigt, daß diese Sicht vielfach zu belegen sei.

Noch immer warten wir auf das Team. Ich bin beunruhigt. Dennoch bleibt unsere Unterhaltung lebhaft. Was ihn als Franziskaner in seiner persönlichen Spiritualität trage und belebe, wage ich ihn zu fragen. Es gehe wohl ein wenig in die Richtung einer »kosmischen Christologie«, erklärt Frederic vorsichtig. »In Christus ist alles zusammengefaßt.« Ob die Franziskaner etwas mit dem großen Jesuiten Teilhard de Chardin anfangen könnten. Nun taut mein Gesprächspartner erst richtig auf. Ja, Teilhard hätte mit einem Franziskaner einen langen, erhellenden Briefwechsel gehabt. Vieles sei in diesem Gespräch entwickelt worden, besonders die kosmische Perspektive, das weite Schöpfungsverständnis, das in unserer Tradition – auch bei den Franziskanern – so lange vergessen wurde.

Das alles besprechen wir im Auto an der Golani-Kreuzung. Endlich erscheint das Kamerateam. Zügig wird in Nazareth im Hof der Verkündigungskirche die Ausrüstung aufgebaut. Das neue Kirchengebäude beherrscht das Bild der arabischen Stadt in erdrückender Weise. In und unter der Kirche entfaltet sich jedoch eine überraschende Vielfalt von aufschlußreichen Ausgrabungen. Das heutige Kirchengebäude, das die Tradition der Familie Jesu in Nazareth bewahren soll, steht auf den Fundamenten einer Kreuzfahrerkirche, die wiederum auf einer byzantinischen Kirche ruht. Unter dem byzantinischen Gebäude liegen die Reste einer vorbyzantinischen, judenchristlichen Anlage. In einem kleinen Museum werden Fundamentsteine mit Einritzungen gezeigt, die auf eine frühe judenchristliche Gemeinde hinweisen. Unten und neben der Kirche findet man zahlreiche Felshöhlen, die für eine antike Besiedlung sprechen. Offensichtlich wurde hier sehr bald – spätestens um 180 n. Chr. – über den Häusern eine erste Kirche gebaut.

In der untersten Kirche konnten die Archäologen zusätzlich mit einer religionsgeschichtlichen Sensation aufwarten: Sie haben dort eine alte Miquwe, ein jüdisches Tauchbad, gefunden. Falls es sich tatsächlich um eine Miquwe handelt, deutet dies entweder auf Reste einer Synagoge hin oder aber auf den Übergang vom jüdischen Ritualbad zu einer christlichen Taufstelle.

Alles in allem läßt sich archäologisch zwar bestätigen, daß mit Nazareth sehr früh eine christliche Lokaltradition verbunden wurde; schwieriger ist es jedoch, die literarisch bezeugte Herkunft Jesu aus diesem Dorf mit der frühen judenchristlichen Ortsgeschichte plausibel zu verbinden.

Dennoch gilt heute – anders als in der historischen Kritik des 19. Jahrhunderts – auf breiter Front, daß die Herkunft Jesu aus Nazareth zweifelsfrei gesichert ist. Mehrere voneinander unabhängige Traditionsschichten haben historisch-kritische Forscher herausgearbeitet, die alle auf Nazareth zielen. Über die Herkunft Jesu konnten selbst die Evangelisten nicht hinwegsehen, selbst wenn sie es teilweise mit einer gewissen Verlegenheit tun: »Dieses kleine Dorf über der Jesreel-Ebene ist um die Zeitenwende alles andere als ein leuchtender Stern, den man mit Stolz vorzeigen kann ... Wenn man sich dennoch zu ihm bekennt, und sei es auch nur in lockeren und – wie in der Formulierung des Nazoräers – in unscharfen Einzelbemerkungen, so nur deshalb, weil die Wirklichkeit dazu nötigt« – so Willibald Bösen in seinem kenntnisreichen Buch »Galiläa«.

Später verlasse ich Nazareth, nachdem ich mich von Meir Grego und seinem Assistenten verabschiedet habe. In Tiberias wartet das deutsche Kamerateam. Wir fahren nach Tabga und beginnen dort mit den Dreharbeiten in der Kirche der Brotvermehrung. Bevor wir uns mit den historischen Spuren des biblischen Ortes befassen – wir haben in Tabga bereits vor einem Jahr gedreht – wollen wir die wunderbaren alten Mosaiken aus der frühen byzantinischen Kirche von 480 n. Chr. ausleuchten und aufnehmen. Die Mosaiken enthalten Tiermotive, die ein tiefes Verständnis für die Würde und die Schönheit der Schöpfung bewahren. In der frühen christlichen Kunstgeschichte gibt es kaum ein Zeugnis, das eine ähnliche Nähe zur Schöpfung dokumentiert.

Warme Quellen am See

23. Februar

Direkt vor Tabga im nördlichen Bereich des See Genezareth fließen mehrere Bäche in den See, die von warmen Quellen gespeist werden. Gegenüber früheren Besuchen dampft jetzt im Februar das Wasser. In der Umgebung der Einmündungen halten sich besonders zur kalten Jahreszeit die Fische des Sees auf.

Vor Tabga wird seit alter Zeit gefischt, und so ist es auch nicht verwunderlich, daß Kapernaum und die anderen biblischen Orte am nördlichen See Genezareth Fischerorte waren. Wir haben für heute zwei Fischer mit ihren traditionellen Holzbooten gebeten, uns den Fischfang in seiner hergebrachten Gestalt vorzuführen. Kameramann Jörg wird mit den Fischern hinausfahren.

Gleich neben dem Gebiet der warmen Bäche steht eine kleine franziskanische Kapelle aus dem 19. Jahrhundert. Wir erkennen etwas weiter östlich eine größere Ausbuchtung im Küstenverlauf, die man nach Mauerfunden als einen alten Hafen definiert hat. Die Topographie des Geländes spricht dafür. Hinter dem Hafen liegt jener Berghang mit Höhlen, der vermutlich unmittelbar mit dem Wirkungsbereich des Jesus von Nazareth am See verbunden ist. Daß hier die großen Reden Jesu an die Menge gehalten wurden, die sich später aus einer Sammlung von Einzelstücken zur »Berg«-Predigt verdichten ließen, ist auch diesmal für mich gut vorstellbar. Im Interview entfaltet Bargil Pixner noch einmal seine These, daß die frühen judenchristlichen Gemeinden an diesen Orten des nördlichen Sees Genezareth stabile lokale Traditionen und verläßliche Erinnerungen pflegten.

Immerhin habe die – schon so oft zitierte – Pilgerin Egeria um 380 n. Chr. alles aufgeschrieben, was sie an den Orten Galiläas während ihrer Reise vorgefunden hat.

Nach unserer Rückkehr vom Berg Tabor, wo wir einen Sonnenuntergang festhalten wollten, gehe ich mit dem Team in Tiberias essen. Erneut erzähle ich den Kollegen ein wenig vom Hintergrund meines Vorhabens und merke dabei, daß beide größte Mühe haben, das christliche Sprach-Symbol »Jesus Christus« und den »historischen Jesus« als Menschen dieser Region unter einen Hut zu bekommen. Sie wiederholen damit etwas, was bereits die ersten Jahrhunderte der frühen christlichen Dogmatik leidenschaftlich beschäftigte. Der Assistent meint, er brauche für seinen Glauben – wenn er ihn denn überhaupt hätte – keine Geschichte und keine Vergangenheit.

Mit dem Assistenten treffe ich mich später noch einmal in der Bar des Kibbuz, in dem wir wohnen. Wir wollen ein Bier trinken. Amüsiert und doch ein wenig bewundernd erzählt er mir von einem Gespräch, das er gestern abend ebenfalls hier mit einer etwa 20jährigen jungen Frau aus England und einer Ordensschwester geführt habe. Auf die Frage, warum sie eine solche Reise mache, hat die 20jährige gesagt: »I want to be in the land, where Jesus was.« Dort sein, wo Jesus war – das war dem Assistenten einfach zuviel. Da könne er sich nur noch an seine Zeit in einem kirchlichen Internat erinnern, an die dortige Heuchelei und seinen traurigen Abgang von der Schule als 16jähriger. Israel setzt vieles in Bewegung, denke ich.

Ein Jude auf dem Ölberg

24. Februar

Das Jordantal ist im Februar so grün wie die Wiesen Oberbayerns im Mai. Wir fahren mit unserem arabischen Fahrer im VW-Bus von Tiberias über Bet-Shean nach Jericho. Die Geschäfte sind bereits seit 12 Uhr geschlossen. Es ist Intifada, der Streik wird konsequent und unerbittlich festgesetzt. Gegenüber früheren Jahren wirken die Städte wie ausgestorben. Der Berg der Verklärung liegt an diesem bewölkten Tag plötzlich in einem gleißenden Licht vor uns. Daß hier von der Urkirche einer der Orte der Versuchung Jesu erahnt wurde, läßt sich ohne weitere Interpretationskünste verstehen.

Wir fahren das Wadi Kelt hinauf und drehen einzelne Abschnitte der alten, historischen Römerstraße, die mit Sicherheit auch Jesus auf seinen Wegen von Jericho nach Jerusalem ging. Nachmittags versuche ich in stundenlangen Telefonaten, die nächsten Produktionstermine festzumachen. Während der Recherchen-Reisen und danach habe ich zwar vieles vorgeklärt. Dennoch muß am Ort alles erneut in Bewegung gebracht werden. Unter anderem war geplant, eine deutsche Reisegruppe im biblischen Land für zwei Tage zu begleiten. Jetzt müßte ich noch die Einzelheiten besprechen. Deshalb treffe ich draußen vor Jerusalem in dem Dorf Shoresch abends gegen sieben Uhr Israel Yaoz, mit dem ich bereits in Mainz einen Tag zusammen war. Er ist Jude mit deutschem Hintergrund und – wie ich meine – neben seiner großen archäologischen Kenntnis voll religiöser Intuition.

Die Gruppe, die Israel Yaoz einige Tage begleitet, versammelt sich nach dem Abendessen. Ich trage vor, was wir beabsichtigen. Die Touristen mit ihrem qualifizierten israelischen »Guide« sollen kurz vorgestellt werden, um zu zeigen, daß heute viele Menschen an historischen Fragen interessiert sind, ja, daß sich eine Reise nach Israel in jeder Hinsicht lohnt.

Ein blasser junger Mann meldet sich und teilt erregt mit, er halte dieses Ansinnen für eine schlimme Irreführung. Ein anderer Mann – er werde demnächst Theologieprofessor, so höre ich später – erklärt, niemand dürfe wissen, daß er an einer Reise nach Israel teilnehme. Von anderer Seite wird widersprochen. Schnell entsteht so etwas wie ein gruppendynamischer Hexenkessel. Der Reiseleiter, ein deutscher Alttestamentler, ist verzweifelt. Ich selbst ziehe sofort meinen Wunsch zurück. Besucher des Heiligen Landes sind empfindlich. Religiöse Erbauung reagiert auf Störungen manchmal aggressiv. »Morgen«, sagt Israel Yaoz zum Abschied, als ich ins Taxi steige, »morgen werden sie alle als gute Christen ein fürchterlich schlechtes Gewissen haben, daß sie übereinander hergefallen sind.«

Israel Yaoz hat mir zuvor noch erzählt, wie gerne er als Jude auf dem Ölberg oberhalb der jüdischen Gräber und unter jener Stelle, an der nach der Tradition Jesus gen Himmel gefahren sei, etwas von der jüdisch-christlichen Eschatologie berichtet hätte: von jener großen Hoffnung der Juden und Christen auf die Zukunft; einer Hoffnung, die sich von den Steinen und Gräbern löst und auf das Andere, Neue, den Anderen, den Messias, der hier erwartet werde, harrt.

Dazu brauchen wir die Gruppe nicht, habe ich zu Israel gesagt: »Wir gehen am Mittwochmorgen zum Sonnenaufgang auf den Ölberg, und Sie erzählen mir das Ganze noch einmal.« Dabei habe ich im Ohr, was mir Israels Frau gesagt hat: »Wir sind keine frommen Juden.« Der Glaube Israels scheint sich gegen den unfrommen Juden noch immer durchsetzen zu können.

Gräber, Felsen und die Grabeskirche

26. Februar

Dan Bahat war viele Jahre der Stadtarchäologe von Jerusalem. Noch am letzten Wochenende blickte er ganzseitig vom Titelblatt einer »Weekend«-Beilage, wo auf acht Seiten seine Ausgrabungen am Rande des Tempelberges geschildert wurden. Dan Bahat arbeitet unter anderem an einem Tunnel längs der alten Mauer des Tempelberges, um die Fundamente des zentralen »heiligen« Ortes besser beschreiben zu können. Manche verbinden damit die Hoffnung, auch einige Reste des salomonischen Tempels aus dem 10. Jahrhundert vor unserer Zeitrechnung zu finden.

Es ist kurz vor acht am Morgen. Kein Tourist kommt zu dieser frühen Zeit in die Jerusalemer Altstadt. Wir warten auf Dan Bahat am Vorplatz der Grabeskirche. Dutzende Male habe ich diesen Ort besucht. Die Grabeskirche ist eines der kompliziertesten und faszinierendsten Gebäude der christlichen Geschichte. Das

Gelände war bekanntlich seit dem 8. Jahrhundert v. Chr. ein Steinbruch und lag noch zur Zeit Jesu außerhalb der Stadtmauern, wie man heute weiß. Die Kaisermutter Helena hat das Gebiet nach 320 als Ort der Kreuzigung Jesu sichern lassen. Die verfolgten judenchristlichen Gemeinden hatten vermutlich über Jahrhunderte hinweg die historische Kreuzigungsstätte in ihrer Erinnerung bewahrt. Helena baute die erste, die »konstantinische« Basilika. Vorher stand hier ein römischer Tempel, den Kaiser Hadrian nach der Zerstörung Jerusalems um 140 über der vermutlich damals bereits fixierten, christlichen Gedenkstätte des Todes Jesu errichtete.

Professor Dan Bahat erscheint. Unverkennbar mit Schnauzbart, offenem Hemd und funkelnden Augen steht er vor mir wie aus der Wochenendbeilage entstiegen. Sofort hat er alles im Griff. Man kennt ihn hier, in und um die Kirche, auch die Araber scheinen ihn zu schätzen. Viele seiner Vermutungen und Schlüsse über die Grabeskirche beziehen sich auf Grabungen des Franziskaners Corbo, der Anfang der 70er Jahre diverse alte Fundamente freilegte.

Für den Archäologen Bahat steht fest, daß in dem alten Steinbruch, auf dem die Grabeskirche errichtet wurde, nach der damals üblichen Art zahlreiche Gräber angelegt waren. Grabstellen hat man tatsächlich in und hinter der Kirche gefunden. Diese Zuordnung spricht für die biblischen Schilderungen.

Wir drehen mit einiger Mühe eine der Grabhöhlen. Sie liegt an der Außenmauer und ist nur im Kriechen zu erreichen. Hier im verfallenden Teil der Kirche gibt es natürlich keinen Lichtanschluß. So müssen wir mit Handlampen ausleuchten.

Später zeigt uns Dan Bahat die Reste der Mauern des Hadrianischen Tempels. Sie liegen in einer abgeschlossenen Höhle neben der östlichen Sankt-Vartan-Kapelle. Dort sind tatsächlich noch riesige Flächen des alten Steinbruches unter der Kirche zu sehen.

Es gelingt uns schließlich etwas zu filmen, was nach Dan Bahats Kenntnis noch niemand gedreht hat: die Rückseite des Golgathafelsens, der in seinem Vorderbereich von altarähnlichen Stätten und mit religiösem Schmuck völlig umbaut ist. Die Rückseite liegt hinter mehrfach verschlossenen Türen. Der Felsen muß gestützt werden, da er offensichtlich in früher Zeit von frommen Pilgern mannigfach geplündert wurde. Außerdem verlaufen hier die alten Mauern der konstantinischen Trennwände zwischen dem »Holy Garden« und der Basilika.

Ich erkenne im Felsen von Golgatha eine kleine Höhle, von der behauptet wird, daß sie den ersten Christen lange vor der Errichtung einer Kirche als frühe Gebetsstätte diente. Auch Dan Bahat meint, daß die judenchristliche Gemeinde nie gänzlich aus Jerusalem verdrängt wurde. Die Erinnerung an diesen Ort und besonders auch an den Felsen könne als ziemlich zuverlässig gelten. Wir alle, das Team und ein junger amerikanischer Wissenschaftler, sind von der Gewalt der Steine und alten Mauern beeindruckt. An diesem Ort hat sich Weltgeschichte in einer besonderen Weise ereignet.

Dan Bahat ist als Jude zunächst an der Sicherung eines Stückes Tradition und Baugeschichte interessiert. Er beklagt sich mit einem Achselzucken über die Engstirnigkeit der christlichen Konfessionen, die eine gründliche Sanierung zur Bewahrung des einzigartigen Gebäudes nicht zulassen. Andererseits vermute ich, daß die Grabeskirche in einem anderen als ihrem jetzigen jämmerlichen Zustand die reale geschichtliche Situation des Christentums nicht so faszinierend und zutreffend wiedergeben würde. Es gibt nicht nur ein Christentum, sondern viele Christentümer.

Treppen zum Tempel

27. Februar

Der Himmel ist blau und die Luft voller Frühling. In Deutschland toben Orkane, höre ich um sieben Uhr in der Deutschen Welle. Wir treffen uns um acht am Eingang zur Südwestecke des Tempelberges. Unter der Südwand und vor der Westwand des Tempelbezirkes spielte sich in der Geschichte des alten Israel und in der späteren römischen, byzantinischen und moslemischen Zeit der städtische Alltag Jerusalems ab. Die »Western Wall«, bekannt als Klagemauer, ist heute wieder ein jüdisches Lebenszentrum.

An der Südwand hingegen liegt die riesige Ausgrabungsstätte, die ich früher schon besucht habe.

Meir Ben-Dov, der große Ausgräber dieses Bereiches, wartet im hinteren Teil des Eingangshäuschens auf uns. In mehr als vier Jahren hat er mit seinen archäologischen Helfern über 300 000 Kubikmeter Material bewegt, weggeräumt, durchsiebt und durchsucht, um die Geschichte dieses einmaligen Ortes aus ihren Steinen, Straßen, Häusern, Bädern und Treppen zu rekonstruieren. Als eines der Ergebnisse ist ein dickes Buch unter dem Titel »In the Shadow of the Temple« erschienen.

Zunächst gehe ich mit Meir über den Eingangsweg, um ihn vor der Kamera als Archäologen vorzustellen. Später drehen wir die herodianischen Steine und besonders die tief unten liegende römische Straße. Ben-Dov erklärt uns an einem Schaubild den alten Tempelbezirk. Nach den Beschreibungen des Flavius Josephus muß der »zweite« Tempel – der aus der Zeit Jesu – größer als der heutige islamische Felsendom gewesen sein. Er hatte Züge der hellenistischen Bauweise und erfüllte in seiner Pracht die Wünsche und Vorstellungen der damaligen Gläubigen, wenn auch nicht aller. Der Bereich des Handels und der Banken, der sich für die jährlichen Pilgerströme in Jerusalem bereit halten mußte, war zwar auch auf dem Tempelberg, blieb aber außerhalb des engeren Tempelbezirkes, der nur den Juden und unter ihnen auch nur den Männern offenstand.

Ich frage Ben-Dov, ob es Chancen gäbe, unter dem heutigen moslemischen Tempel Reste des alten – »ersten« – salomonischen Tempels aus dem 10. Jahrhundert zu finden. Der Archäologe glaubt nicht daran. Es komme ziemlich bald im obersten Bereich des Geländes gewachsener Fels. Man müsse eher davon ausgehen, daß die Spuren des jeweiligen Vorgängertempels völlig ausgelöscht wurden. Restliches Baumaterial wurde wieder neu verbaut. Tatsächlich war der herodianische Tempel – also der Tempel, den Jesus kannte und den die Juden seiner Zeit als zentrales Heiligtum betrachteten – am gleichen Ort wie die heutige Omaryaden-Moschee.

Nach zahlreichen früheren Besuchen des Geländes an der Südwand fällt mir heute besonders die große Zahl der rituellen Badestellen auf. Da es gerade geregnet hat, sind einige der »Miquwen« mit Wasser gefüllt. Das ergibt ein sehr realistisches Bild. Vorzüglich erhalten sind viele der Treppenstufen hinauf zum alten Eingang des Tempels. Der Kameramann filmt sie im Stil der subjektiven Kamera. In einer langen Einstellung geht er von unten bis hinauf zur Südwand. Das Triple-Gate, das alte Eingangstor zum Tempelgelände, ist von den Moslems umgebaut worden.

Dennoch ist das alte Tor bis heute als der zentrale Eingang aus der herodianischen Zeit gut erkennbar. Für einen frommen Menschen, der mit der geschichtlichen Dimension seines Glaubens etwas anzufangen weiß, kann der Gang über die Stufen, die Jesus hinauf zum Tempel ging, eine beachtliche Erfahrung sein.

Eher zufällig rufe ich mittags den Franziskaner-Professor Frederic Manns an. Er will mir noch das Museum an der zweiten Station der Via Dolorosa zeigen. Ich mache mich auf den Weg. Die Altstadt ist wie leergefegt. An diesem Tag gab es mehrfach Streiks. Das franziskanische Museum in der Nähe der alten Burg Antonia enthält Funde aus der Zeit früher judenchristlicher Gemeinden. Unter anderem zeigt mir Frederic Manns ein sogenanntes Ossuarium. Der Gebeinsarg aus der Zeit vor 70 n. Chr. trägt die Inschrift »Judas Proselytus«. Dies weist – so Manns – auf einen Juden Judas hin, der zum Christentum übergewechselt sei und noch nach jüdischem Ritus beerdigt wurde. Ich frage mich, ob der Übergang zwischen Juden und Christen so eng gewesen sein kann.

Die Goldene Pforte

28. Februar

Die Nacht war kurz. Bereits um 5.30 Uhr laufe ich ein wenig ängstlich durch die leere Altstadt Jerusalems zu unserem Treffpunkt am Jaffa-Tor, um von dort zum Scopus-Berg zu fahren. Wir wollen den Sonnenaufgang über der Wüste Juda drehen. Der Scopus-Berg liegt auf dem Höhenzug des Ölbergs und markiert den nahen Übergang von der alten Stadt Jerusalem zur Wüste.

Gegen sieben Uhr fahren wir zu jener Stelle, wo die Himmelfahrtskirche über Jerusalem steht. Auch dies ist Gelände des biblischen Ölbergs. Die Jerusalemer Altstadt liegt im frühen roten Morgenlicht vor uns. Wunderbar blickt die Goldene Pforte in der östlichen Stadtmauer zu uns hinüber. Sie ist zugemauert. Die frommen Juden erwarten hier am Ende der Zeit den Einzug des Messias. Vor mir liegt noch ein wenig im Schatten das Gräberfeld des Kidron-Tales. Seit Tausenden von Jahren lassen sich an diesem Ort Juden begraben, um nahe an der verheißenen Stätte der zukünftigen Auferstehung zu sein.

Israel Yaoz ist gekommen, um uns seine Deutung dieser von ihm geliebten Stelle des Berges vorzutragen. Ich erzähle ihm, daß ich gestern ein Ossuarium aus der Zeit vor 70 n. Chr. gesehen habe, auf dem »Judas Proselytus« eingeritzt ist. Israel meint, unter römischer Herrschaft seien viele Römer zum Judentum übergetreten, weil sie der Monotheismus überzeugte. Ich hingegen denke, daß der Name »Judas« bereits die Herkunft aus dem Judentum dokumentiert. Insofern könnte es sich vielleicht doch um einen Judenchristen handeln, der von seiner Familie traditionell bestattet wurde. In den nächsten Tagen möchte ich dazu einen Experten befragen.

Der Garten Gethsemane am Rande des Ölbergs: ein historischer Ort der biblischen Geschichte. Die Besucher des Gartens werden auf zwei Wegen um das Gelände geleitet. Der Zauber des antiken Ortes ging bis heute nicht verloren. Die Olivenbäume sind viele Jahrhunderte alt. Einige sollen hier bereits zwei Tausend Jahre stehen. Mit Hilfe von Pater Frederic dürfen wir in den abgesperrten Bereich. Durch die Bäume hindurch drehen wir den gegenüberliegenden Felsendom auf dem Platz des alten Tempels. Davor liegt die Goldene Pforte, die hinauf zum Tempelgelände führt. Die Nähe des Hohen Rates und der Burg Antonia zum Garten Gethsemane, dem letzten Rückzugsort Jesu, wie er in den Evangelien beschrieben wird, ist mit Händen zu greifen.

Mittags fahren die Kollegen in unser Studio nach Herzlia. Ich organisiere die Produktion für die nächsten Tage. Ein mühsames Geschäft. Michael Krupp soll uns auf dem Hintergrund seiner talmudischen Schriften und Studien ein Interview zu der Frage geben, ob Jesus ein Chasside war, also der Typ eines frommen Gesetzeslehrers, der im damaligen Judentum nicht selten anzutreffen war. Ich versuche, den großen jüdischen Neutestamentler David Flusser erneut anzusprechen. Neben seinen Studien zum Neuen Testament hat er unter anderem vor 20 Jahren eine Biographie Jesu geschrieben. Daneben gibt es von ihm eine historische Schrift über die letzten Tage Jesu in Jerusalem. Flusser gilt als äußerst spontaner, manchmal bedrängender Gesprächspartner, der den Eklat nicht scheut. Ich rufe an und erlebe zunächst einen Gelehrten, der eine philologisch-germanistische Meditation über meinen Vornamen beginnt. Meine Bitte um ein Interview ist ihm bekannt. Er hat nichts einzuwenden.

Ronnie Reich, den ich an diesem Tag ebenfalls zu einer Mitarbeit gewinne, ist Archäologe im Rockefeller-Museum und leitet die derzeitigen Grabungen im Bereich der Jerusalemer Stadtmauer. Wissenschaftlich hat er sich lange mit den rituellen Badeanlagen, den Miquwen befaßt. Deshalb kennt er sich auch in Qumran unten am Toten Meer hervorragend aus. Wir werden mit ihm gemeinsam hinunterfahren. Am Telefon erklärt er mir schnell, er halte nichts von der These, daß die jüngeren herodianischen Ausgrabungen in der Jerusalemer Altstadt Hinweise auf den gesuchten Hasmonäerpalast erlaubten. Damit sei auch die Vermutung, das Prätorium, der Verurteilungsort Jesu sei dort zu finden, hinfällig.

Viel »Vorösterliches« wurde bewahrt

1. März

Es regnet und stürmt in Jerusalem. Wir können unsere Dreharbeiten in der Altstadt, an der Klagemauer und der Zitadelle nicht fortsetzen. Mehrfach laufe ich zum Jaffa-Tor, um dort die Kollegen zu treffen. Die Jerusalemer Altstadt ist unruhig. Die Lage wirkt angespannt. Israelische Steuereintreiber mit Militär im Gefolge sind aufgetaucht, um von den arabischen Händlern Abgaben einzufordern.

Ich beschäftige mich heute noch einmal mit David Flusser, dessen Thesen ich jetzt indirekt, also nicht mit einem persönlichen Interview in den Film einbauen möchte. Flusser verfolgt konsequent und für mich überzeugend die Sicht, daß die synoptischen Evangelien in ihrem Grundstoff sehr wenig »Nachösterliches« enthalten. Der Kern des Traditionsgutes weist also auf die Lebenszeit Jesu zurück. Das schließt jedoch nicht die vielfache redaktionelle Bearbeitung aus, was zu zahlreichen Veränderungen und tendenziösen Verbesserungen führte. Es sind griechische Eingriffe in einen bereits ins Griechische übersetzten Stoff. Diese redaktionellen Teile lassen sich für den Kenner der alten Texte nicht sinnvoll ins Hebräische zurückübersetzen. Unter dieser Voraussetzung glaubt Flusser, sehr viel über die Lehre und das »hohe Selbstbewußtsein Jesu« erfahren zu können. Viele Irrtümer der neutestamentlichen Forschung seien erst dadurch entstanden – so Flusser –, daß man leidenschaftlich die Kluft zwischen dem historischen Jesus und dem Christus des Glaubens zunächst vertieft. Die alte Spannung möchte David Flusser mit Hilfe des jüdischen Stoffes überbrücken. Es könne dann gelingen, wenn »ein auch noch so unvollständiges Bild des Selbstbewußtseins Jesu« gezeichnet werden kann.

Wieder einmal bin ich als Journalist fasziniert von den Möglichkeiten des historischen und theologischen Arbeitens. Wieviel könnten die Christen noch vom Judentum lernen! Vermutlich ist in der rabbinischen Tradition, die nach der Zerstörung des Tempels im Jahre 70 den jüdischen Glauben in einer neuen, überlebensfähigen Gestalt bewahrte, vieles von jenem Gut erhalten geblieben, welches Jesus und das Urchristentum elementar bestimmte.

Die Synoptiker, also die Verfasser der neutestamentlichen Evangelien, haben bereits ein abgeschwächtes Interesse an Jesus, sofern er Jude ist. Sein letztes Mahl vor der Verurteilung und auch sein Gang nach Jerusalem bleiben jedoch – historisch gesehen – zunächst gänzlich im Rahmen dessen, was ein frommer Jude zum Passahfest tut: Er feiert das Sedermahl. Die Evangelien hingegen schildern nicht dieses traditionelle jüdische Passahmahl, sondern Ansätze zu einer Sühnopfer-Christologie.

Vergleichbare Beispiele eines schwindenden Interesses an Jesus als Jude werden in dem von Flusser bearbeiteten Protokoll eines wissenschaftlichen Gespräches über »Die letzten Tage Jesu in Jerusalem« vorgetragen. Es ist die Treue Jesu zu seinem jüdischen

Volk, die Christen heute vom Judentum im Blick auf die christliche Ursprungsgestalt zunächst lernen müssen. Nach Flusser gibt es überhaupt keinen Gegensatz zwischen Jesus und dem Judentum, es gibt »kein einziges Wort Jesu, das irgendeinen gutmeinenden Juden ernstlich aufgebracht hätte«. Das Problem liegt also in der späteren Aufarbeitung und interpretierenden Wertung des Weges und der Worte Jesu. Verändert wird das Verhältnis zwischen Juden und Christen entscheidend bereits in frühester Zeit bei der dogmatischen Akzentuierung und Ausgestaltung der Urgeschichte des Christentums.

Jesus war ein Chasside

Am Mittag ist das Interview mit Michael Krupp vorgesehen. Krupp ist ein Schüler Flussers. Ich kenne ihn seit Jahren und bewundere seine Computerfertigkeiten ebenso wie seine Kenntnis der rabbinischen Literatur. Krupp teilt die Sicht Flussers, daß zwischen dem Judentum und Jesus als historischer Gestalt kein Gegensatz besteht.

Wir werden bei strömendem Regen abgeholt. Derzeit verfolgt Michael Krupp historisch eine These, die etwa folgendermaßen formuliert werden kann: Jesus war entscheidend »Chasside«, also einer, der in einer bestimmten Frömmigkeitsbewegung seiner Zeit verankert war. Der Chassidismus zieht sich durch die Jahrtausende der jüdischen Geschichte. Es gab die Bewegung seit dem 2. Jahrhundert vor Christus als Reformbewegung gegen die drohende Hellenisierung der alten jüdischen Halacha. Der Chassidismus war zur Zeit Jesu besonders durch das Armutsideal, die ethische Radikalität und ein unmittelbares Gottesverhältnis geprägt.

In Michael Krupps phantastischem und chaotischem Haus und Arbeitszimmer bauen wir Lampen auf. Die Kollegen von der Kamera wissen nicht so recht, was sie mit diesem langbärtigen und lebhaften Mann anfangen sollen. Krupp geht auf jeden Scherz mit einer schwer zu beschreibenden Distanz spontan ein. Das Interview verläuft wie geplant und kreist um die chassidische These. Später drehen wir noch ein prachtvolles Exemplar aus Krupps Ossuarien-Sammlung, auf dem »Jeschua . . .«, also »Jesus, Sohn des Matthäus«, eingeritzt ist. Das gute Stück stammt aus der Zeit vor 70 und belegt den Namen Jesus. Auf der Rückfahrt unterhalten wir uns über meine Entdeckung eines Gebeinsarges mit der Aufschrift »Judas Proselytos«. Dabei handele es sich – so Krupp – keinesfalls um einen Judenchristen, sondern um einen Heiden, der zum Judentum übergetreten sei und einen jüdischen Namen angenommen habe.

Aufstieg zu Höhle 4

2. März

Wieder einmal fahre ich hinunter zum Toten Meer. Ronnie Reich, der deutschsprechende Archäologe aus dem Rockefeller-Museum, ist dabei. Wir unterhalten uns auf dem Wege hinab ins Jordantal über die antiken Tauchbäder und die Rolle der Wasser-Rituale in Qumran. Noch immer findet man aufschlußreiche Gegenstände in der ehemaligen Siedlung der Essener, die dort von 150 v. Chr. bis zur Zerstörung des Tempels im Jahre 70 n. Chr. ihr strenges, asketisches Leben führten. Vor kurzem erst kam ein Fläschchen aus jener Zeit zum Vorschein, das eine dicke Flüssigkeit mit einem Duftstoff enthielt.

Die Dreharbeiten konzentrieren sich zunächst in Qumram auf das Wassersystem der Gemeinschaft. Da die kultischen Bäder in ihren vielfältigen Abstufungen wesentlich zum Alltag der frommen Sondergemeinschaft gehörten, mußten entsprechend komplizierte Wasserwege und Tauchbäder für die täglichen Waschungen eingebaut werden.

Qumran am Toten Meer liegt normalerweise unter einer drükkenden Luftschicht. An diesem frühen Märztag ist es ausnahmsweise mild und frisch, so daß wir mühelos zu einer der Höhlen hinaufwandern können. In den Höhlen – das erkläre ich dem

Team – hat 1946 ein beduinischer Hirtenjunge auf der Suche nach einem verlorengegangenen Schaf die ersten Tonkrüge mit 2000 Jahren alten Schriftrollen gefunden. Die Essener-Gemeinschaft hatte offensichtlich ihre gesamte Bibliothek in den umliegenden Naturhöhlen versteckt, als die Römer ihre Siedlung bedrohten. Qumran wurde schließlich ebenso zerstört wie der Tempel in Jerusalem.

Im trockenen und heißen Klima des tiefen Jordangrabens blieben die Rollen unversehrt. Der Fund gilt bis heute als sensationell. Die Abschrift des alten Jesajabuches, die unter anderem gefunden wurde, ist tausend Jahre älter als die bisher vorliegenden Abschriften der Hebräischen Bibel. Gegen alle Erwartungen und voreiligen Schlüsse neuzeitlicher Skeptiker hat sich gezeigt, daß die Jahrhunderte zwischen den frühen und den späten Abschriften verblüffend wenig Abschreibfehler mit sich brachten. Damit wird auf eine bestimmte Weise erneut bestätigt, wie sorgfältig die jüdische Tradition mit Texten umzugehen wußte. Auch für die frühe christliche Literatur ist dies von größter Bedeutung.

Der Aufstieg zur Höhle 4 ist trotz des angenehmen Wetters mühsam. Kameramann Jörg läuft voraus. Wir verlieren den Anschluß im felsigen und gefährlichen Bergland und gehen einen anderen Weg. Ronnie Reich befürchtet, daß etwas passiert sein könnte. Nach einer halben Stunde macht sich der Assistent auf und findet Jörg. Er habe nur nach einem schönen Blick gesucht, erklärt er uns.

Wer sich intensiver mit Qumran beschäftigt, wird dort auf eine festgefügte asketische Klostergemeinschaft stoßen, deren »Lehrer der Gerechtigkeit« von einem »schlechten Priester« verfolgt wird. Es gibt einen Kampf zwischen dem Guten und dem Bösen, den »Söhnen des Lichtes und der Finsternis«, der im Endzustand zugunsten der Guten entschieden wird.

Johannes der Täufer, dessen Taufstelle – wenn überhaupt – im Südlauf des Jordan anzusiedeln ist, hätte Sichtkontakt nach Qumran haben können. Manches spricht dafür, daß Johannes der Täufer mit den Wasserritualen der Essener vertraut war, wiewohl die Experten natürlich zahlreiche Unterschiede benennen.

Für große Aufregung sorgte die Vermutung, daß Jesus selbst

Kontakt zu den Essener hatte, was vielleicht in der Bibel mit dem Hinweis angedeutet wird, daß er länger »in der Wüste« weilte. Richtig ist sicher, daß auch der Galiläer aus einer ganz bestimmten spirituell-religiösen Sphäre kam, die für den essenischen Protest gegen den Tempelkult prägend war. Wie das mit seinem chassidischen Hintergrund zusammenhängen könnte, müßte sicher genauer untersucht werden. Ganz gewiß steht zumindest fest, daß im Gegensatz zu den Essenern Jesus nicht jene peinlich genaue Verfolgung des Ritualgesetzes gepredigt hat, die Qumran nachweislich bestimmte. Wir treffen bei dem Mann aus Galiläa eher auf eine Relativierung der Haltung zum Ritual. Dieser Thora-Entschärfung im Rituellen stand eine Verschärfung im Ethischen gegenüber. Die Vorstellung von einer »frommen« Gemeinde war bei der Jesusbewegung außerdem gerade nicht in der Art exklusiv, daß sie zu einer Absonderung wie in Qumran führte.

Bis zum Ende der 80er Jahre hat man in Qumran eine große Zahl von Schriftrollen gefunden. Sie umfassen sehr unterschiedliche Texte. Die Höhlen enthielten Tausende von Fragmenten. Manchen Wissenschaftlern geht bis heute die Auswertung und Veröffentlichung der Funde zu langsam.

Auf der Rückfahrt von Qumran unterhalten wir uns mit Ronnie Reich über die politische Lage in Israel. An Gesprächen mit den Palästinensern, so meint er, komme man in absehbarer Zeit nicht vorbei. Leider gäbe es in Israel derzeit nicht genügend begabte junge, charismatische Politiker, die die Situation vorantreiben könnten. Die Gegenwart Israels hat die Vergangenheit längst überholt, selbst bei einem Archäologen.

»Die Kirche hat es so festgelegt«

Professor Frederic Manns wartet bereits in der Flagellatio, der zweiten Kreuzwegstation der Via Dolorosa, auf uns. Es ist drei Uhr am Nachmittag. Wir möchten im Hof der Koran-Schule jene Lokalität drehen, wo zur Zeit Jesu die Antonia-Burg stand. Außer wenigen Grundmauern ist vom militärischen Wachplatz am alten Tempel nichts erhalten.

Für das Kamerateam ist das Strution unter dem Haus der Zionsschwestern an der Via Dolorosa eine ungewöhnliche optische Herausforderung. Die riesigen unterirdischen Wasserteiche wurden von Herodes im Zuge des Tempelbaues angelegt. Nach 140 n. Chr. hat sie der römische Kaiser Hadrian überbaut. Heute liegt die Kirche der Zionsschwestern über der alten Anlage. Gleich neben den Teichen wird der viel beachtete »Litostratos« gezeigt, der eine Zeitlang als der Weg Jesu hinauf nach Golgatha betrachtet wurde. Die schönen, glattgelaufenen Straßensteine stammen jedoch aus römischer Zeit. Sie wurden also erst hundert Jahre nach Jesus verlegt, was die Würde und antike Schönheit der Platten nicht mindert.

3. März

Siebenmal wurde Jerusalem völlig zerstört, sagt mir der Schneider am Hospiz in der Jerusalemer Altstadt. Ich weiß, daß es mehr als siebenmal war. Siebenmal sei eine gute Zahl, meint er, alles hier sei alt, auch die syrisch-orthodoxe Gemeinde, zu der er gehöre, aber alles habe auch seine eigene Tradition, die jeden auf eine besondere Weise mit den Anfängen verbinde.

Ghassan, unser arabischer Helfer, ist Christ. Als wir heute morgen in der Via Dolorosa, dem mittelalterlichen Kreuzweg, hinauf zur Grabeskirche gehen, um ein wenig »Atmosphäre« zu drehen, macht er mich darauf aufmerksam, daß diese Gasse die des Jesus nicht sei: »Die Kirche hat es nur festgelegt.« Es ist gut, denke ich, daß ich auf diese einfache und direkte Weise an die historische Realität verwiesen werde. Die Phantasie wird am Ort Jerusalem derart angeregt, daß viele bereits die Orientierung verloren. Das geht nicht nur Touristen oder Journalisten so, sondern auch Wissenschaftlern. Für Leute, die über Jahre hinweg unter dem Gesichtspunkt der historischen Diskontinuität erzogen wurden, wie es die theologische Ausbildung der 60er Jahre tat, ist die Erfahrung »Israel-Jerusalem« bisweilen so überwältigend, daß sie alles über Bord werfen.

Der syrisch-orthodoxe Schneider ist Araber und schildert mir als Kommunalpolitiker, wie sehr er im alten Teil Jerusalems zwischen allen Stühlen sitze. Die Juden rechnen ihn zur PLO, die Araber trauen ihm als Christ nicht wirklich. Er habe wenig Hoffnung. Irgendwann müsse die Westbank zurückgegeben werden, aber was soll mit den siebzigtausend jüdischen Siedlern im besetzten Gebiet geschehen? Und die Jerusalemer Altstadt? Ich trage ihm vor, daß die »Old City« einen ganz besonderen Status als Ursprungsort der drei monotheistischen Religionen haben müßte. Ein Ort internationaler Qualität, ohne Steuern, offen nach allen Seiten ... »A beautiful dream«, meint er. Und er hat wohl recht.

Nicht überall kann man graben

4. März

Die heutigen Straßen Jerusalems liegen über denen der früheren Geschichte. Fast alles wurde im Laufe der Jahrhunderte überbaut, eingeebnet, wiederbenutzt und erneut belegt. Ein Stück der alten römischen Hauptstraße, der Cardo, wurde im jüdischen Viertel freigelegt. Für Ronnie Reich, den Stadtarchäologen, genügt es, wenn alles vermessen würde. Der Kameraassistent meint, über die Vermessung hinaus habe auch die ästhetische Betrachtung der alten Straßen und Bauwerke für uns Bedeutung.

Wir drehen im herodianischen Quartier. Auf dem Abgang hinunter zum Tempel im heutigen »jewish quarter« wurden umfangreiche Fundamente, Mosaike und Einrichtungsgegenstände aus der Zeit des Herodes gefunden. Es müssen reiche Familien gewesen sein, die hier wohnten. Vermutlich waren es Priestergeschlechter, Sadduzäer.

Hat also nun hier der Hohepriester, der in der Bibel bei der Verurteilung Jesu erwähnt wird, seinen Sitz gehabt, seine Residenz? Manche gehen von dieser These aus. Sollte sie stimmen, dann wäre es möglich, daß das Prätorium ebenfalls hier zu lokalisieren ist und daß wir damit einen der Orte Jesu gefunden hätten. Die These freilich ist unter Fachleuten heftig umstritten. Meir Ben-Dov, der Ausgräber des Tempelgebietes, schließt die Lokalisierung nicht aus, während unser heutiger Begleiter, Ronnie Reich, überhaupt nichts davon hält. Für den Hasmonäerpalast, also den Ort des Hohenpriesters, wäre eher eine Häuserreihe vor dem heute ausgegrabenen Komplex denkbar, also ein Platz genau gegenüber dem Tempel. Dort aber kann und wird so schnell nicht mehr ausgegraben werden. Bereits die vorliegenden Ausgrabungen ließen sich nur durch die Rückeroberung der Altstadt 1967 realisieren. Insgesamt bot das jüdische Viertel nach der Zerstörung während des 6-Tage-Krieges die einmalige Gelegenheit, vergangenes Leben der Jahrhunderte und Jahrtausende ans Tageslicht zu bringen. Dabei mußte jeweils entschieden werden, welche Schicht in besonderer Weise zu beachten und zu rekonstruieren ist. Sollte zum Beispiel eher die herodianische oder die römische Bebauung oder sollte die später byzantinische Schicht erhalten werden? Die Israelis haben sich in der Regel für ihre eigene Vergangenheit entschieden.

Auf dem Rückweg treffen wir zufällig Meir Ben-Dov, unseren früheren Begleiter und den Ausgräber des Tempelberges. Ronnie Reich, unser heutiger Mitarbeiter, ist Schüler eines anderen großen Altmeisters der israelischen Archäologie und hat zum Kollegen Meir ein eher kritisches Verhältnis. Ben-Dov freut sich, uns zu sehen. Zum Abschied greift er in seine Tasche und zieht eine Flasche mit griechischem Wein heraus, die er uns schenkt. Wir sind ein wenig gerührt.

Inwieweit sind die heutigen Pilger- und Touristenströme mit früheren Pilgerfahrten nach dem Heiligen Land vergleichbar? Offensichtlich ist Jerusalem seit bald 2500 Jahren ein Magnet. Ursache kann nur sekundär die faszinierende Topographie der Stadt sein. Eher kommt die anziehende Kraft aus der Geschichte. Das Gefühl für die besondere geschichtliche Erfahrung des jüdischen Volkes und das einmalige Geschick dieser Stadt könnten das Verbindende zwischen früheren Pilgern und heutigen Besuchern sein.

Je mehr sich unsere Produktion vor Ort dem Ende nähert, desto öfter stellt sich für mich die Frage, ob eine Suche nach den Spuren der alten Zeit überhaupt legitim ist. Archäologische Hinweise bringen es mit sich, daß mancher tiefer in Details eintaucht, als es seinen Interessen entspricht. Ein weiteres Eintauchen würde zwar neue Zusammenhänge eröffnen, nicht jedoch in jedem Fall das Verstehen erweitern. Die Gestalt des Mannes aus Galiläa entzieht sich bei dieser Suche oft in dem Maße, in dem der Hintergrund plötzlich greifbarer zu werden scheint.

Essener neben Christen

5. März

Kurzfristig entschließe ich mich, noch einmal ein Gespräch mit Schalom Ben-Chorin zu führen. Der Religionsphilosoph ist gerade erst aus Deutschland zurückgekommen und stimmt der telefonischen Anfrage zu. Gegenüber meinem früheren Interview möchte ich jetzt einige neue Aspekte ansprechen.

Am Morgen gehen wir zunächst mit Kamera und Stativ zum Zionsberg hinüber, um dort der Frage nach der geschichtlichen Bedeutung des Südwesthügels Jerusalems nachzugehen. Anfang der 80er Jahre hat man nördlich der heutigen Zionskirche Siedlungsspuren aus neutestamentlicher Zeit freigelegt. Mit Pater Bargil steigen wir auf den Turm der dortigen Abtei und lassen uns die verschiedenen Theorien über die zahlreichen Mauern Jerusalems erklären. Später sehen wir unter der Dormitio-Abtei tatsächlich, daß sich hier vorexilische Fundamente und die Hasmonäermauer aus dem 2. Jahrhundert v. Chr. treffen.

Auf dem Südwesthügel Jerusalems könnte das erste Zentrum der frühen Christenheit vermutet werden. In unmittelbarer Nähe befand sich auch das Essener-Viertel, das von Flavius Josephus geschildert wird. Eine neuere Grabung am Rande dieses Viertels hat ein altes Tor ans Tageslicht gebracht, das mindestens drei Stufen und Höhen aufweist. Die unterste Stufe ist aus der herodianischen Zeit, es folgt die römische Aufstockung und schließlich noch darüber das byzantinische Tor. Da dieses Tor in Richtung Hinnomtal und von dort zum Toten Meer führt, wird es Essenertor genannt.

Leider fehlen noch genauere Forschungen, um das vermutete Nebeneinander von Jerusalemer Essenergemeinde und der jungen urchristlichen Gemeinde besser belegen zu können. Leider auch ruhen die Grabungen hier am Essenertor. Es fehle das Geld aus Deutschland, so hören wir. Das schmale Tor am relativ steilen Hang wurde offensichtlich in früher herodianischer Zeit in die Mauer eingefügt. Die Essener könnten in ihrer dauernden Sorge um kultische Verunreinigung gerade an dieser Stelle einen überprüfbaren Zugang zu ihrer Gemeinschaftssiedlung gefunden haben, sofern die Hinweise auf die Existenz einer essenischen Gemeinschaft auch in Jerusalem zutreffen. Übrigens ist auch die Anzahl der großen kultischen Ritualbäder an dieser Stelle ein Hinweis auf eine mögliche essenische Siedlung.

Das christliche Interesse an diesem Hügel hängt mit der Frage zusammen, was die große räumliche Nähe zwischen Urgemeinde und Essenerquartier für die Herausbildung der urchristlichen Theologie bedeutet. Es könnte sein, daß die frühe christliche Gütergemeinschaft, die bei Jesus selbst nicht zu belegen ist, im Gegenüber zu den Essenern entstand – gleichsam als Nachweis überzeugender, vielleicht sogar größerer Verbindlichkeit. Falls die Urgemeinde in dieser Gegend anzusiedeln ist, wäre auch eine mögliche Nähe zum Gang Jesu in die obere Stadt mit diesem Ort zu verbinden.

Gegen den Feindeshaß

Mit dem Taxi fahre ich zu Schalom Ben-Chorin. Ghassan, unser arabischer Helfer, begleitet mich. Wir warten vor der Tür, bis das Kamerateam kommt. Ich erzähle unserem intelligenten Helfer ein wenig von Ben-Chorin. Ihn interessiere Philosophie sehr, meint Ghassan. Ich sage, Ben-Chorin sei ein jüdischer Philosoph, der sich für den Dialog zwischen den Religionen besonders einsetze. Das sei wichtig, erklärt der Araber. Ich denke dabei an seine erregte Äußerung vor einigen Tagen, als wir in der Altstadt an jener Stelle vorbeikamen, wo der Likud-Minister Sharon in der besetzten »Old City« ein Haus gekauft hat und jetzt bewohnt. Die Hilflosigkeit der Araber, die ihn ohnmächtige Wut umschlagen kann, ist auch in diesem jungen Mann deutlich spürbar. Jetzt vor Ben-Chorins Haus – praktisch im Feindesland – frage ich ihn, ob er auch israelische Jugendliche kenne. Ja, aber die Israelis wollen keine arabischen Bekannten. Er hätte eigentlich ganz gern einen jüdischen Freund.

Schalom Ben-Chorin beantwortet alles perfekt. Kameramann Jörg und der Assistent hören gebannt zu, wie Ben-Chorin Jesus als »Ur- und Nur-Juden« schildert. Neu ist mir die These, daß Jesu Aussage »Ihr habt gehört, daß Ihr den Nächsten lieben, aber den Feind hassen sollet« ein Hinweis auf die Essener sein könnte, die den Feindeshaß predigten. Man habe es »gehört«, sage Jesus, nicht: »es steht geschrieben«. Dagegen predige der Rabbi die Feindesliebe. »Jesus als Bruder steht für mich in der großen Reihe der Lehrer Israels. In diesem Sinne möchte ich auch sagen, daß ich mich um eine Nachfolge bemühe«, erklärt uns Schalom Ben-Chorin. Bei Jesus sei nichts grundsätzlich mit dem Judentum unvereinbar. Ich werde das Interview abschreiben lassen.

6. März

Drei Wochen Israel, Recherchen, Dreharbeiten, Gespräche, Nachdenken, Orientierung, Verknüpfung. Heute habe ich den Eindruck, daß es reicht. Für Touristen genügen in der Regel 4 Tage Jerusalem, 4 Tage Galiläa, 3 Tage Eilat. Drei Wochen durchgängige journalistische Arbeit ohne wirkliche Unterbrechung ermüden. Vorausgegangen waren Monate mit Recherchen. Die Ermüdung wird auch bei den Dreharbeiten spürbar. Morgens arbeiten wir noch ein wenig am Bethesda-Teich, der uns in seinen Ausmaßen, in seiner fast 3000jährigen Geschichte auch diesmal fasziniert. Bethesda ist übrigens ein Ort, der ungeachtet seiner Beschreibung im Johannesevangelium nur schwerlich eine Brücke zur biblischen Zeit ermöglicht. Zu viel anderes kam hinzu: die römische Überbauung, besonders die gewaltige byzantinische Inbesitznahme, schließlich die Annakirche der Kreuzfahrer. Alle Zeiten wollten ihre Zeichen setzen, und dies ist ihnen in der Regel auch gelungen.

Später laufe ich noch einmal durch die Neustadt, um mir ein Buch von Yigal Yagin abzuholen. Die Nähe und Ferne zur alten Religion ist hier im neueren Teil Jerusalems nicht anders als in anderen Städten dieser Welt. Manchmal habe ich den Eindruck, daß es in Jerusalem noch schwerer ist, die alte Spur existentiell so zu verfolgen, daß die anderen Realisationen von Religion im Blick bleiben. Die Verengung, Einigelung, Selbstfixierung auf das Eigene ist innerhalb der christlichen Tradition ebenso spürbar wie zwischen Juden und Christen. Dabei ist der Islam noch gar nicht im Blick.

Jerusalem ist überall

Abends packe ich die Koffer. Der größte Teil des Materials ist gedreht – so hoffe ich. Wie immer fragt sich der Redakteur, ob er Recherchiertes, Gedrehtes und Beabsichtigtes zu einer filmischen Einheit verdichten kann. Und was kann letztlich ein Jesus-Film, der auf Elemente des großen Fernsehspiels verzichtet, erreichen?

Zweifellos habe ich viel gelernt. Die christliche Ursprungsgeschichte ist durchsichtiger geworden. Ich hoffe, daß dies nicht die oft benannte und von Albert Schweitzer bereits beschriebene Täuschung ist.

Im Augenblick sehe ich folgendes, das ich in aller Vorläufigkeit am Ende der Dreharbeiten festhalten möchte:

1. Die biblischen Erzählungen und Berichte haben einen erstaunlich realen historischen Kern. Die christliche Ursprungsgeschichte ist durch zweitausend Jahre hindurch nicht so verdunkelt, daß geschichtliches Verstehen völlig ausgeschlossen ist.
2. Prinzipiell sollte an der Realität einer »älteren Jesustradition« festgehalten werden. Eine neue sozialgeschichtliche Fragestellung ermöglicht Einblicke in eine Jesusbewegung, deren Konti-

nuität zwischen der vorösterlichen und nachösterlichen Situation nicht durch die Osterereignisse völlig aufgehoben ist. Damit ist die prinzipielle Skepsis, alles sei Produkt der Gemeinde, durchbrochen.

3. Der Kern des Traditionsgutes in der Lebenszeit Jesu schließt dessen vielfache redaktionelle Bearbeitung und spätere Neuordnung nicht aus.
4. Die biblische Landschaft und ihre konkrete Geschichte im Kontext der biblischen Erzählung ist ein starkes Element zur Interpretation des Geschehenen, auch wenn die Landschaft ablösbar und ersetzbar wäre.
5. Die Geschichte der biblischen Religion – die biblische Heilsgeschichte – gehört in den Zusammenhang der antiken Religionsgeschichte, aus der heraus sie entstanden ist und von der sie sich abgrenzt.
6. Die biblische Geschichte und besonders die Geschichte des Jesus von Nazareth muß menschheitsgeschichtlich verstanden werden. Sie ereignet sich an einem bestimmten Punkt der Evolution des menschlichen Wissens und kann deshalb in Korrelation zu unserer heutigen Situation gesetzt werden. So markieren die Bergpredigt und der apokalyptische Hintergrund der Reich-Gottes-Predigt möglicherweise eine globale Erkenntnisstufe, die die Menschheit bis heute nicht hinter sich gelassen hat.
7. Die Perspektive des Leidens, der Barmherzigkeit, der Öffnung zum konkreten Menschen, der Sanftmut und Friedfertigkeit läßt sich auf diesem Hintergrund legitim und ohne große Kraftakte aus der damaligen Zeit in heutige aktuelle Bezüge übertragen.
8. Die letztlich dürre und im Kern unmythologische Beschreibung des Weges Jesu und die in der Regel wenig phantastischen Erinnerungen der Evangelien lassen einen außerordentlichen Menschen sichtbar werden, der ein starkes Selbstbewußtsein von seinem geschichtlichen Auftrag hat. Dies gilt auch dann, wenn für uns die Ostererfahrung als eine mystisch-mythologische alles noch einmal in ein neues, veränderndes Licht stellt.
9. Die Ostererfahrung ermöglicht die unmittelbare Ablösung von der konkreten biblischen Historie und der konkreten Land-

schaft, die nun stilisiert als Historie und Landschaft in der Innenwelt einer Gruppe oder eines einzelnen gegenwärtig sein kann. Bethlehem liegt dann in Lateinamerika, in Afrika oder bei Frankfurt. Sobald sich diese Loslösung verselbständigt, bleibt zwar etwas vom Geheimnis des Lebens und dem Geheimnis der alten Erfahrung erhalten. Es fehlt aber die übergreifende Perspektive und damit auch die politisch-menschheitliche Frage nach dem evolutiven Ganzen. Sollte sich die einzelne Existenz, das Leben, nicht besser aus diesem Ganzen verstehen? Deshalb möchte ich weiterhin die menschheitsgeschichtliche Bedeutung der konkreten Jesus-Geschichte verfolgen.

Morgen fliegen wir zurück. Das gedrehte Material muß noch dem Zensor vorgelegt werden, damit die politische Unschädlichkeit vor unserer Abreise geprüft wird. So ist das in Israel. Das Jesus-Material wird mit Gewißheit unbeanstandet durch die israelische Zensur des Jahres 1990 gehen.

Am Ende: Der Umweg über Israel

16. April

Wieder ist Ostern. Am Schneidetisch habe ich vor einigen Tagen Teile des Filmmaterials gesehen. Der Schnitt beginnt im Mai. Auch die Texte sind mehrfach gesichtet, gekürzt und aufeinander abgestimmt. Der archäologische, landeskundliche, sozialgeschichtliche Zugang – verbunden mit Alltagserfahrungen – zeigt seine Grenzen. Die literarische, philologische Befassung muß hinzukommen. Besonders die persönliche, wissenschaftlich vergleichende, kritisch abwägende Lektüre der biblischen Texte ist unumgänglich. Bereits seit Monaten stelle ich fest, daß meine eher von außen kommende Annäherung an die Jesus-Frage zunehmend auch das Interesse an den alten Texten steigert. Nicht nur das Interesse, mehr noch das Verstehen.

Es gibt sehr unterschiedliche Wege zu einem erweiterten und

vertieften Verständnis der hergebrachten Religion. Für zahlreiche Christen scheint die traditionelle Glaubenssprache nach wie vor das Geheimnis des Glaubens und des Lebens ausreichend zu erhellen. Als Journalist wundert mich das, aber es ist ein Faktum. Für viele andere ist alle Selbstverständlichkeit dahin. Das liegt mir näher, obwohl ich spüre, daß sich die bewährte Sprache von außen wohl erschließen läßt. Das alte Bekenntnis zu Jesus, das in seiner ganzen Gewißheit in den Texten des Neuen Testamentes zu finden ist und auch in manchen heutigen Glaubenszeugnissen spürbar wird, läßt Dimensionen anklingen, die sich einer philologischen Suche ebenso entziehen wie der archäologischen, religionswissenschaftlichen oder sozialgeschichtlichen. Für dieses Suchen und Fragen gilt ziemlich wörtlich, was in einem Osterlied des 16. Jahrhunderts steht: »Ihr sucht Jesum, den findt ihr nicht.«

Dennoch: Für mich steht fest, daß eine tragfähige Wahrnehmung von Jesus – oder sagen wir ruhig theologisch: daß die Christologie – sich immer erst am Ende erschließt. Man muß in aller Unschuld ein Stück mit dem historischen Jesus gegangen sein, um endlich etwas von jenem absoluten Fascinosum zu erahnen, das sich »Auferstehung« nennt. Man muß – um es weltlicher zu sagen – viele Fragen vorher gestellt und manche Antworten gefunden, Schlüsse gezogen und Urteile verworfen, schließlich die bekannten Formulierungen zurückgewiesen haben, um dieses oder jenes für sich und für seine Zeit annehmen zu können. Andere mögen andere Wege gehen. Warum nicht.

Der Umweg über Israel lohnt in jedem Fall. Wer sich dorthin auf den Weg macht, wird in der Jesus-Frage mancherlei Glut unter der historischen Asche finden.

5.
Spurensuche im Dialog

»Mehr Vertrauen in die historische Qualität der Jesusüberlieferung«

Interview mit dem Neutestamentler Prof. Dr. Gerd Theißen, Heidelberg

Wolf-Rüdiger Schmidt: Herr Professor Theißen, es geht um den historischen Jesus. Was können und dürfen wir heute wissen? Was können wir nicht wissen? Noch vor 30 Jahren konnte ein führender deutscher Neutestamentler sagen, daß der Mann aus Nazareth eine theologische Kunstfigur der neutestamentlichen Autoren ist. Gilt diese Definition noch, oder wissen wir heute mehr?
Gerd Theißen: Nach wie vor gilt gewiß, daß wir kein historisch exaktes Bild von Jesus haben. Das Jesusbild des Neuen Testaments ist durch den Glauben der ersten Gemeinden gefärbt. Aber heute würde man zweierlei ergänzen. Einmal: Das biblische Bild von Jesus paßt erstaunlich gut in den historischen Kontext Palästinas im 1. Jahrhundert. Über diesen Kontext wissen wir heute mehr als etwa vor einem halben Jahrhundert. Das zweite: An einigen Punkten ist es uns gelungen, das Bild von der Jesusbewegung – also der Bewegung, die Jesus ausgelöst hat – etwas detaillierter zu zeichnen. Zu diesem Bild gehört auch, daß im Hintergrund eine prägnante historische Gestalt steht.
WRS: Hängt das damit zusammen, daß neue Quellen zur Verfügung stehen? Woher kommt die neue Offenheit und die neue Frage nach dem historischen Jesus?
GT: Über Jesus selbst haben wir kaum neue Quellen. Es gibt allerdings das Thomasevangelium mit Sprüchen, die den synoptischen zum Teil verwandt sind. Das Thomasevangelium gibt freilich weniger neue Erkenntnisse über Jesus her als über die Geschichte der Jesusüberlieferung. Wichtige neue Quellen haben wir aber über die Umwelt Jesu. Zu nennen sind hier vor allem die Funde von Qumran seit 1946 sowie kleine archäologische Funde,

die zusammen ein Mosaik ergeben. Ich will als Beispiel nur auf die 1961 gefundene Pilatus-Inschrift in Cäsarea hinweisen.

WRS: Können Sie das noch etwas ausführen?

GT: Es ist interessant zu wissen, daß der Amtstitel des Pilatus nicht »Prokurator«, sondern Präfekt war. Daß der Historiker Tacitus geirrt hat, wenn er ihn »Prokurator« nennt. Wir wissen heute ganz gewiß, daß Pilatus existiert hat. Ansonsten kann man der Inschrift nicht viel entnehmen.

WRS: Heute wird deutlicher als früher gesehen, daß dieser Jesus aus Galiläa zum Judentum gehörte, daß er Jude ist. Damit wird das Verhältnis des Christentums zum Judentum auf eine theologisch veränderte Basis gestellt. Warum hat man das in früheren Zeiten weniger klar erkannt?

GT: Also bewußt war es immer. So hat der bekannteste Neutestamentler unseres Jahrhunderts, Rudolf Bultmann, immer wieder betont, Jesus gehöre ins Judentum. Jesus war selbst noch kein Christ. Aber diese Einsicht wurde durch zwei Faktoren verdunkelt. Der erste ergab sich aus einem methodischen Problem. Man ist sich nicht sicher, was auf Jesus zurückgeht und was nicht. Die Forscher glauben allgemein, daß nicht auf Jesus zurückgeht, was sich nicht vom Judentum und vom Urchristentum unterscheidet. Durch diese Auswahl konzentrierte sich das Interesse auf *die* Jesusworte, die man im Gegensatz zum Judentum sah oder vermutete. Und zu dieser Erkenntnis kam dann eine ausgesprochene Bewertung. Man meinte, das Wesentliche von Jesus nur dort zu finden, wo er etwas Neues bringt, das über seine Zeit hinausragt. Insgesamt gesehen, ist aber ein großer Wechsel eingetreten. Ich kann das an zwei Buchtiteln illustrieren. Vor etwa 100 Jahren – 1892 – veröffentlichte ein großer Neutestamentler namens Wilhelm Bousset ein Buch. Titel und These des Buches lauteten: »Jesu Predigt im Gegensatz zum Judentum«. 1985 veröffentlichte Edward P. Sanders ein Buch mit der Überschrift »Jesus and Judaism«. Die Grundthese ist: Jesus gehört ins Judentum und rief dort eine Erneuerungsbewegung ins Leben.

WRS: Noch einmal zurück zum Stichwort »Jesusbewegung«. Worauf gründet sich eigentlich das Vertrauen, daß die »Jesusbewegung«, die ja erst nach Jesu Lebenszeit wichtig war und Bedeutung hatte, daß diese Jesusbewegung Kontinuität mit dem historischen Jesus, der Gestalt des Mannes aus Galiläa, hat?

GT: Man kann zwei Dinge nennen. Einmal hat sich die äußere Situation Palästinas insgesamt von den Lebzeiten Jesu bis zu den Zeiten nach seinem Tod nicht so radikal geändert. Das heißt, die Jünger, die seine Worte überlieferten, fanden nicht etwa eine Situation vor, in der sie ein Motiv hatten, sich ganz neu zu orientieren, um neue Antworten auf neue Probleme zu geben. Das zweite ist: Wir können sozialgeschichtliche und soziologische Indizien dafür sammeln, daß die Jünger Jesu auch nach Ostern seinen Lebensstil fortgesetzt haben. Ich denke etwa an die heimatlose Wanderexistenz der Jünger. Das ist eine gewisse Garantie dafür, daß die Worte Jesu auch in seinem Geiste überliefert oder auch ergänzt wurden.

WRS: Gehe ich richtig in der Annahme, daß diese These sehr viel mehr Vertrauen in die historische Qualität der Überlieferung voraussetzt als frühere Positionen?

GT: Ja, ganz gewiß. Man kann das vielleicht einmal umgekehrt beleuchten. Die Exegeten vor 50 Jahren sagten sehr schnell, die Jesusüberlieferung ist durch Gemeindebedürfnisse geprägt. Wir wissen nun, daß in den 40er Jahren des 1. Jahrhunderts *ein* Problem die Gemeinde besonders intensiv beschäftigt hat, nämlich das Problem: Müssen Heiden, die Christen werden, sich beschneiden lassen oder nicht? Müssen sie also den Weg über das Judentum gehen? Das war ein ganz elementares Problem. Es findet sich in der synoptischen Jesusüberlieferung kein klärendes Jesuswort zu diesem Problem. Das heißt, hier geht die Überlieferung überhaupt nicht auf ein Gemeindebedürfnis ein, das nachweislich existiert hat. Solche Beobachtungen haben insgesamt zu einem größeren Vertrauen in die Zuverlässigkeit der Jesusüberlieferung geführt.

WRS: Was wissen wir vom sozialgeschichtlichen Hintergrund dieser ersten Jahrzehnte? Sie haben auf die 40er Jahre hingewiesen, also die Zeit zwischen 25 und 40 oder 50. Welche Faktoren haben die damalige Zeit entscheidend bestimmt?

GT: Für das Urchristentum bestimmend waren jene Nachfolger Jesu, die nach Ostern seine Wanderexistenz fortgesetzt haben. Das war eine Existenz der Heimatlosigkeit ohne verfügbaren Besitz. Getrennt von den Familien. Nach Ostern tauchen auch Nachfolger

mit Frauen auf. Verbunden damit ist Kritik am Besitz und Kritik an der Suche nach Sicherheit. In solch einem Lebensstil sind die radikalen Worte Jesu viel leichter vorstellbar als in dem Leben eines gesetzten Familienvaters. Die Verachtung des Reichtums fällt jemandem leichter, der sich selbst vom Reichtum getrennt hat und ohne Besitz durch die Länder wandert.
WRS: Sie nennen das urchristlichen Wanderradikalismus. – Ich möchte die Frage nach der Herkunft des Mannes aus Nazareth stellen. Was wissen wir über den Hintergrund, über die Familie Jesu?
GT: Wir wissen, daß er vom galiläischen Land stammte, wahrscheinlich aus Nazareth, einem kleinen Dorf. Dies wird dadurch bestätigt, daß er kaum die galiläischen Städte anspricht. Die beiden großen Städte Sephoris und Tiberias erscheinen in den Überlieferungen überhaupt nicht. Nur im Johannesevangelium wird Tiberias erwähnt. Der dörfliche Hintergrund ist sicher. Nicht sicher entscheidbar ist, ob sich die Familie Jesu auf das davidische Königshaus zurückführte. Das kann sein, aber es ist im neuen Testament umstritten.
WRS: Wie ist dieser Mann aus Nazareth in den innerjüdischen Widerstand einzuordnen? Das Land war seit Generationen von den Römern unterschiedlich intensiv besetzt. Es gab jüdische Widerstandsbewegungen. Welches Verhältnis hatte Jesus zu den unterschiedlichen Widerstandsbewegungen?
GT: Alle jüdischen Bewegungen der damaligen Zeit hatten das Anliegen, die jüdische Identität gegenüber dem übermächtigen Sog der fremden Kultur zu wahren. Und jüdische Identität heißt, daß man ein jüdisches Leben nach der Thora, dem Gesetz, also nach dem Willen Gottes, führt. In Reaktion auf die Fremden entwickeln fast alle Bewegungen damals so etwas wie Thoraverschärfung. Dabei werden die spezifisch jüdischen Normen besonders streng erfüllt. Sie werden strenger und sorgfältiger ausgelegt. Es ist das Besondere bei Jesus, daß wir neben der Thoraverschärfung, die wir auch bei ihm antreffen, gleichzeitig eine Thora-Entschärfung finden. Etwas salopp gesagt, er ist in manchen Punkten liberaler und laxer als manche seiner Zeitgenossen.
WRS: Also eine Öffnung weg von der strengen Erfüllung des alten Gesetzes und eine Öffnung über die jüdische Identität hinaus?

GT: Ja. Vielleicht kann man es noch an einem anderen Punkt klarmachen. Ich denke jetzt nicht an die Thora, also an das Gesetz, sondern an die Erwartung des Gottesreiches. Zu dieser Erwartung gibt es einige Parallelen. In den wenigen jüdischen Quellen dazu wird das Einbrechen der Gottesherrschaft fast immer mit einem schrecklichen Krieg verbunden. Die Gottesherrschaft kommt nach einem Krieg, in dem die Heiden – hier die Römer – besiegt werden. Jesus ist der einzige Jude, der sagt, die Gottesherrschaft ist jetzt schon da oder beginnt jetzt. Und so undramatisch beginnt dies Reich wie das Wachstum einer Pflanze. Es gibt also eine Koexistenz zwischen der Gottesherrschaft, die schon jetzt heimlich beginnt, und der Fremdherrschaft. Das ist eine Öffnung im Sinne einer liberaleren Haltung gegenüber den Fremden.
WRS: Aber das bedeutet nicht, daß die Rolle dieses Jesus von Nazareth unpolitisch war? Auch wenn er den Beginn der Veränderung jetzt ansetzt, im Verhalten des einzelnen?
GT: Der politische Rahmen bei seiner Verkündigung ist ziemlich deutlich! Vielleicht kann ich es klarmachen, indem ich ihn mit der jüdischen Widerstandsbewegung gegen die Römer vergleiche. Es gibt hin und wieder die These, daß Jesus einen zelotischen Hintergrund hat. Die Zeloten waren eine besonders radikale Gruppe der Widerstandsbewegung. Wie sie waren viele Teilnehmer der Widerstandsbewegung zu der Erkenntnis gekommen, daß das erste Gebot »Du sollst Gott verehren und keinen anderen neben ihm« so auszulegen sei, daß man den Kaiser neben Gott nicht anerkennen darf. In der Jesusüberlieferung wird diese Alternative ganz klar abgelehnt. Man kann dem Kaiser geben, was des Kaisers ist, und Gott, was Gottes ist. Radikalität findet sich bei Jesus dafür an einem anderen Punkt. Beim Reichtum. Du kannst nicht Gott dienen und zugleich dem Mammon. Man kann nicht zwei Herren zugleich dienen. Hier findet sich dieselbe radikal-theokratische Alternative wie bei der Widerstandsbewegung. So hat Jesus vermutlich zwar keinen zelotischen Hintergrund, aber die zelotische Widerstandsbewegung und Jesus haben einen gemeinsamen Hintergrund, das Judentum. Und dies auch noch in einer verschärften und besonders radikalen Form.
WRS: Kann man beschreiben, welche politisch-sozialen Konflikte

die damalige Zeit bestimmt haben, um die historische Gestalt besser zu verstehen?

GT: Ja. Ich kann ganz kurz und stichworthaft ein paar Konflikte skizzieren. Es gab in Palästina drei Machtzentren, die sich aneinander rieben: Die römische Provinzverwaltung, die einheimische Aristokratie um den Tempel und das herodäische Königshaus. Das Problem war, daß keines dieser Machtzentren auf die Dauer ausreichend Anerkennung finden konnte. So gab es eine ständige Legitimitätskrise, die zum Nährboden für die Sehnsucht des Volkes nach einer einheimischen legitimen Herrschaft wurde. Und dies drückt sich aus in der Erwartung nach einem König aus dem eigenen Volk, der legitim herrscht, also in der Erwartung des Messias.

Ich nehme ein anderes Problem. Der Tempel als zentrale Institution der Religion war umstritten. Die Qumranleute beteiligten sich nicht mehr am Opferkult. Johannes der Täufer verkündigte Sündenvergebung durch die Taufe. Also unabhängig vom Versöhnungstag, von Sühneopfern, unabhängig vom Tempel.

Oder ein dritter Konflikt. Wir wissen, daß in der ersten Hälfte des 1. Jahrhunderts viele in Palästina, die die Steuern nicht mehr bezahlen konnten aufgrund von Mißernten und Verschuldungen, Haus und Hof verließen und sich der Widerstandsbewegung anschlossen. Es gab also einen spürbaren Konflikt zwischen arm und reich.

Ich sollte schließlich noch einen weiteren Konflikt nennen, der speziell für Palästina wichtig war: Es gab Spannungen zwischen Juden und Nichtjuden, die in einer Kette von Städten an der Küste und im Ostjordanland wohnten. Juden hatten vorher diese Städte erobert und beherrscht. Die dort wohnenden Griechen und Syrier, also Heiden, waren gegenüber ihren ehemaligen Herren feindselig eingestellt. All diese Konflikte lassen sich auch in der Jesusüberlieferung nachweisen.

WRS: Wenn man einmal all das wegnimmt, was der normale Christ aus der herkömmlichen Verkündigung über die Gestalt dieses Jesus im Ohr hat, was ist dann eigentlich der Kern? Könnte man sagen, es sind seine Aussagen zum Thema Friedfertigkeit, zur Sanftmut, zur Enthärtung gegenüber sich selbst und den Mitmenschen? Oder geht die Richtung der Jesus-Botschaft an die Menschheit woanders hin?

GT: Ich will versuchen, mit meinen Worten ohne große theologische Begriffe zu sagen, was mich menschlich anspricht. Einmal: Jesus ist tief davon überzeugt, daß sich Mensch und Welt grundsätzlich ändern müssen. Er lehnt aber gleichzeitig ab, gewaltsame Wege zur Veränderung einzuschlagen. Das zweite: Die Welt, die ihm vorschwebt, ist eine Welt, in der Leben möglich ist, ohne daß es Leben auf Kosten anderer ist. Also auf Kosten der notorischen Verlierer, der Schwachen, Armen, Kranken, auch der moralisch Scheiternden. Die bedingungslose Annahme all derer, die im Leben Verlierer sind, ist für ihn der Wille Gottes.

WRS: Wollte Jesus mit dieser Botschaft, wie immer sie im einzelnen noch zu erweitern oder anders zu akzentuieren ist, wollte dieser Mann aus Nazareth Israel erneuern, oder wollte er eine eigene Gemeinde, eine Kirche gründen?

GT: Ich bin überzeugt, daß er keine eigene Kirche gründen wollte, die sich vom Judentum trennt. Ein Argument dafür wäre für mich die Berufung der zwölf Jünger. Jesus hat Israel erneuern wollen. Die Zwölf stehen für die zwölf Stämme Israels. Israel als Ganzes ist sein Bezugspunkt. Das würde auch nicht anders, wenn man die Gruppe der Zwölf auf die Ostererscheinung zurückführt, die die Zwölf erfahren haben, sie also zu den ersten Osterzeugen rechnet. Denn das würde nur bedeuten, daß auch die ältesten Christen sich zunächst einmal als an Israel gesandt verstanden. Als Analogie mag Luther gelten: Auch Luther wollte am Anfang nicht eine eigene Kirche gründen, sondern die eine christliche Kirche reformieren. Daß daraus dann eine protestantische oder viele protestantische Kirchen wurden, getrennt von der katholischen Kirche, war nicht seine Absicht.

WRS: Das stellt natürlich für den historischen Jesus die Frage: Wie war sein Verhältnis zu den Nicht-Juden, den Heiden? Hatte er da eine Beziehung? Jesus konnte nicht übersehen, es gibt nicht nur Juden, es gibt auch Heiden.

GT: Es werden Begegnungen mit Heiden geschildert. Es bleibt bei einer Distanz zwischen Juden und Heiden, aber die Abgrenzung wird gelockert. Jesus vertrat ein Judentum, das vielleicht für Heiden etwas zugänglicher war. Das könnte ich an jenen beiden Zügen, die ich schon einmal nannte, klarmachen: an der Thoraverschärfung und der Entschärfung des Gesetzes. Jesus verschärft diejenigen Normen, die universale Normen sind. Etwa die Normen, die auf die menschliche Aggressivität zielen: »Du sollst nicht töten«, ferner Normen zur sexuellen Treue, zur Wahrhaftigkeit, zum Schwören. Hier verschärft er die jüdischen Normen. Hingegen relativiert er die Normen besonders im rituellen Bereich, wo sie trennende Funktion haben: beim Sabbatgebot und bei Reinheitsfragen. Also bei der Frage, was man essen darf und was nicht. Interessant ist auch, daß er nie die Beschneidung in Frage gestellt hat. Eindeutig ist, daß er immer im Judentum blieb.

WRS: Was bedeutet das für den in die Städte vordrängenden Hellenismus? Also für Römer und Griechen, die ja im Völkergemisch der damaligen Zeit an das Judentum angrenzten?

GT: Ich denke, daß das Judentum bei Jesus eine Gestalt annahm, die den Heiden leichter zugänglich war. Das kann man sich an einer Tendenz der Jesusüberlieferung klarmachen: Die jüdischen Normen werden auf einen Punkt gebracht. Auf das Wesentliche. Etwa auf die Liebe zu Gott und zu dem Nächsten. Und das wird noch einmal radikalisiert zur Feindesliebe. Es ist interessant, daß wir in der damaligen Zeit, bei jüdischen Autoren, die ihr Judentum für Heiden interpretieren, ähnliche Tendenzen feststellen. Sie versuchen, das Wesentliche in wenigen Prinzipien zusammenfassend zu sagen. Hier lassen sich neben Jesus andere jüdische Lehrer nennen.

WRS: Die exklusive und einmalige jüdische Erfahrung sollte attraktiv gemacht werden. Kann man das sagen?

GT: Ja. Sie sollte plausibel gemacht werden. Aber sie sollte dabei auch in ihrer Anstößigkeit klar und verständlich werden. Nur einen einzigen Gott anzuerkennen und nicht die vielen Götter, war natürlich eine Provokation.

WRS: Es war eine neue Stufe religiöser Erfahrung. Jesus war damit nicht nur eine Gestalt der damaligen Zeit. Was steckt menschheitsgeschichtlich oder auch religionsgeschichtlich auf dem Hintergrund der langen Geschichte der Menschheit hinter dieser Gestalt? Läßt er sich als Menschheitsdatum an einem ganz bestimmten Punkt der Evolution des Menschen begreifen?

GT: Ich gebe Ihnen recht, daß Jesus auch menschheitsgeschichtlich betrachtet werden muß. Oder anders formuliert, daß er nicht nur eine Bezugsgestalt für Christen, sondern für jeden Menschen und die Menschheit ist. Ich will versuchen zu formulieren, was das bedeutet: Alle Kulturen beginnen damit, daß man Rücksicht nimmt auf Schwache. Daß man also Stärke nicht ausspielt. Dies wird in der biblischen Tradition vom Alten Testament bis zum Neuen radikalisiert. Es geht nicht nur darum, Rücksicht zu nehmen. Es geht noch mehr darum, sich dezidiert für die einzusetzen, die auf der Verliererseite im Leben stehen. Bei Jesus gehören auch die, die moralisch scheitern, auf diese Verliererseite. Auch Moral, Vorwürfe, die Betonung von Normen und Gesetzen drängen Menschen auf die Verliererseite. So ist die demonstrative Zuwendung zu den Zöllnern und Sündern zu verstehen. Sie waren damals die moralisch Deklassierten. Ein Zeitgenosse, Hanns Dieter Hüsch, hat das sehr schön im Geist Jesu – wie ich meine – zum Ausdruck gebracht. Er sagt: »Erst kommt die Liebe, dann kommt der Choral, erst kommt die Liebe, dann kommt die Moral.« Wobei man natürlich hinzufügen muß, Liebe ist für Jesus Liebe zu Gott, Gottesliebe zu den Menschen genauso wie die Liebe der Menschen untereinander.
WRS: Nun ist Jesus mit seiner Botschaft, die Sie eben beschrieben haben, gescheitert. Auf jeden Fall ist er gescheitert, als er nach Jerusalem zog. Weiß man etwas Historisches zu den Motiven, warum er am Ende seines dreijährigen Wirkens nach Jerusalem zog?
GT: Ich gäbe viel darum, wenn ich das wüßte. Alles, was mit Kreuz und Auferstehung zusammenhängt, ist stark durch die nachösterliche Sicht bestimmt. Daher tappen wir gerade hier im dunkeln. Folgendes kann man allerdings mit Gewißheit sagen: Er zog nach Jerusalem, weil dort ein Passahfest war und viele aus Palästina und aus der ganzen Diaspora zusammenkamen. Hier konnte er so viele Leute ansprechen wie sonst nirgendwo. Ziemlich sicher war Jesus sich der Gefahr bewußt, in die er sich begab. Er mußte das Schicksal seines Lehrers, Johannes des Täufers, vor Augen haben. Der war hingerichtet worden. Und klar wird aus den Quellen auch, daß die Jünger große Erwartungen hatten.

Wahrscheinlich kommt jetzt das »Reich Gottes«, vermuteten sie. Es ist möglich, aber nicht sicher, daß Jesus diese Erwartung auch hatte.

WRS: Statt dessen kam es in Jerusalem zunächst zu einem Konflikt mit denjenigen, die den Tempel verwalteten. Ein Konflikt mit der Tempelaristokratie. Wie konnte es dazu kommen?

GT: Er war für die Tempelaristokratie gewiß eine Bedrohung. Nicht nur dadurch, daß er das Gesetz relativierte. Das Gesetz war immerhin die Grundlage für alle Abgaben an den Tempel, für das ganze Leben. Ich denke konkret noch mehr an einen Zug, der ihn mit Johannes dem Täufer verbindet. Der Täufer verkündete die Sündenvergebung, gebunden an die Taufe. Bei Jesus finden wir den Zuspruch der Sündenvergebung ohne entsprechende Handlung, losgelöst sogar von der Taufe. Sünden konnten bisher durch Opfer gesühnt werden, spätestens am Versöhnungstag. Bei Jesus und beim Täufer wird ein Angebot zur Sündenvergebung unabhängig vom Opferkult des Tempels gemacht. Der Tempel als zentrale Institution wird, ohne daß dies direkt gesagt wird, in seiner Funktion ausgehöhlt. Ich glaube, darin liegt der tiefere Grund des Konfliktes in Jerusalem.

WRS: Es kommt zur Kreuzigung. Die historische Frage, wer an der Kreuzigung schuld war, wird seit Jahren intensiv diskutiert. Auch theologisch hängt viel davon ab. Was weiß man heute dazu? Waren es die Römer, waren es die Juden?

GT: Eindeutig kann man sagen, daß die Römer die juristische Verantwortung für die Hinrichtung Jesu haben. Der römische Historiker Tacitus stellt unzweideutig fest: Pontius Pilatus hat ihn hinrichten lassen. Das wird aber auch bestätigt durch Züge in unserer Überlieferung. Jesus wird gekreuzigt. Die Kreuzigung ist eine römische Todesstrafe. Bei Juden hätte die Steinigung nähergelegen. Daß die juristische Verantwortung bei den Römern liegt, wird ferner durch den Anklagepunkt gegen Jesus bestätigt, er sei »König der Juden«. Das heißt, er habe nach der Macht gegriffen. So etwas tut nur ein politischer Anwärter. Das wäre aber eine Sache der Römer. Ein Königsprätendent macht den Römern die Macht streitig. Ein drittes Argument ist: Die Römer haben sich das Recht der Todesstrafe vorbehalten. Die Ausnahmen, die es in

Palästina gegeben hat, haben sich alle sehr gut erklären lassen. Sie haben aber recht, es sind neben den Römern noch andere beteiligt. Wenn die Passionsgeschichte sagt, daß Jesus von den Hohepriestern und Schriftgelehrten, d. h. von der jüdischen Aristokratie – nicht vom jüdischen Volk, sondern von der Gruppe der dort im Tempel Verantwortlichen – ausgeliefert wird, so trifft dies den historischen Sachverhalt. Jesus ist wohl von den für den Tempel verantwortlichen jüdischen Behörden angezeigt worden. Das war eine Anzeige mit dem Ziel, ihn hinzurichten. Ein richtiger Prozeß wird vor den jüdischen Behörden gegen ihn nicht stattgefunden haben. Eine dritte Instanz sollte ich noch erwähnen. In der Barabasszene ruft das Volk »kreuzige ihn«. In unserer Passionsgeschichte wird aber noch deutlich, daß es auf Anstiften der Aristokratie geschieht. Ansonsten ist ziemlich klar, daß das Volk auf seiten Jesu steht. Die Hohepriester haben Angst vor dem Volk und lassen Jesus deswegen in einer Nacht- und Nebelaktion verhaften. Noch einmal: Verantwortlich sind letztlich die Römer.

WRS: In der Geschichte hat dieser Punkt eine große Rolle gespielt: Die Juden haben den »Herrn« gekreuzigt. Eine solche Sicht muß sich auch auf das Neue Testament oder das Interesse der Überlieferungen stützen können.

GT: Man kann im Neuen Testament die Tendenz beobachten, die Römer zu entlasten. Die Römer waren in den Bereichen, wo die Evangelien geschrieben wurden, die großen Herren. Man spürt das Interesse, die Juden stärker zu belasten. Aber das kann man mit guten Argumenten heute durchschauen und zurückweisen. Auch Paulus wird wegen Entweihung des Tempels angeklagt. Dies wird in der Apostelgeschichte berichtet. Die Römer nehmen ihn dann in Schutzhaft. Sie hätten ihn durchaus hinrichten lassen können. Aber sie schicken ihn nach Cäserea. Eine solche Alternative hätte Pilatus bei Jesus durchaus auch zur Verfügung gestanden. Er hätte ihn inhaftieren und nach Cäsarea schicken lassen können. Daß Pilatus letztlich verantwortlich ist, ist keine Frage.

WRS: Noch einmal eine grundsätzliche Frage. Wir haben hier eine große Menge historischer Einsichten angesprochen. Wir wissen heute sehr viel, was möglicherweise auch gegen die sonntägliche, normale Verkündigung der Kirchen steht. Noch vor drei Jahrzehnten konnte einer der großen theologischen Lehrer unserer Zeit, ein skeptischer Neutestamentler, sagen, die Kirche lebe davon, daß die Ergebnisse der wissenschaftlichen Leben-Jesu-Forschung in ihr nicht publik sind. Mit anderen Worten: Der Kirche sollen die historischen Ereignisse vorenthalten, ja verschwiegen werden. War das richtig gesagt, und gilt es auch heute noch?

GT: Schon damals war es nicht ganz richtig. Es galt und gilt nur, wenn man die »Kirche« gleichsetzt mit ihrem fundamentalistischen Flügel und die wissenschaftliche Forschung mit dem kritischen Flügel der deutschen protestantischen Exegese. Da gibt es Unverträglichkeiten bis heute. Ansonsten war der deutsche Protestantismus als Ganzes immer stolz darauf, und ich teile diesen Stolz, daß wir unsere Grundlagen kritisch überprüfen und dabei auch zu Ergebnissen kommen, die radikal und anstößig sind. Einige werden immer meinen, das könne die Kirche nicht verkraften. *Ich* sage lieber: Die Kirche stirbt eher daran, daß zuwenig über Jesus bekannt ist. Auch zuwenig bekannt ist von den Ergebnissen der historischen Jesusforschung. Genauso wichtig ist aber ein zweiter Satz, den ich hinzufügen würde: Die Kirche stirbt ganz gewiß daran, wenn sie der historischen und der kritischen Jesusforschung nicht freien Raum läßt. Hier gilt wie in aller Wissenschaft, daß man der Wahrheit nur näher kommt, wenn man allen Positionen einen Freiraum läßt. Sowohl den ganz skeptischen, ganz kritischen wie den konservativen.

WRS: Für Sie selbst hat historische Forschung nichts Kirchenzerstörendes an sich?

GT: Nein, ganz gewiß nicht. An und für sich ist die Wissenschaft sehr spröde dagegen, ob sie der Kirche hilft oder nicht. Die Suche nach der Wahrheit muß man unabhängig von der Wünschbarkeit der Ergebnisse für irgendeine Gruppe betreiben. Ich bin stolz darauf, daß der Protestantismus in den letzten zweihundert Jahren in vielen Gefechten nach dieser Devise gelebt hat. Ich hoffe, das geht so weiter. Es zeigt sich immer wieder, daß Menschen, die mit allen Wassern der historischen Kritik gewaschen sind, engagierte Christen sind. Das Eigengewicht der christlichen Tradition ist nicht aufzuhalten und schlägt immer wieder durch. Das sage ich auch für mich persönlich.

Jesus aus der Sicht feministischer Theologie

Interview mit der Neutestamentlerin Prof. Dr. Elisabeth Schüssler-Fiorenza, Cambridge – USA

Wolf-Rüdiger Schmidt: Frau Professor Schüssler-Fiorenza, Sie haben ein vielbeachtetes Buch aus feministischer Perspektive zur Frage nach dem historischen Jesus geschrieben. Dabei sprechen Sie einerseits von Jesus, andererseits von der Jesusbewegung, ohne den Begriff »historischer Jesus« zu gebrauchen. Wollen Sie damit sagen, daß eine Trennung zwischen der Gestalt des Jesus von Nazareth und der Bewegung um Jesus für uns nicht mehr möglich ist?
Elisabeth Schüssler-Fiorenza: Meiner Rekonstruktion der Jesusbewegung liegt die Erkenntnis der neutestamentlichen Wissenschaft zugrunde, daß wir nicht mehr genau sagen können, was dem »historischen Jesus« zuzuschreiben ist und was der Erinnerung seiner ersten Nachfolgerinnen und Nachfolger entstammt. Damit versuche ich zu vermeiden zu sagen, nur sehr weniges geht auf den »historischen Jesus« zurück, und das meiste ist später. Dadurch wird das Material, das wir über Jesus und die Jesusbewegung haben, zu klein und zu sehr reduziert. Mir ging es darum, die Jesusbewegung als Erinnerung zu rekonstruieren und nicht als historisches Faktum zu isolieren.

Von feministischer Sicht aus gesehen, ist die Rede vom »Mann« Jesus sehr problematisch, besonders wegen der Einbindung der Jesustraditionen in eine grammatisch maskuline Sprache und eine Männertheologie. Viele Frauen haben große Schwierigkeiten damit. Wenn wir jedoch verstehen, daß Jesus nur zu haben ist in der Erinnerung einer Bewegung, die auch von Frauen bestimmt wurde, spielt die »Männlichkeit« Jesu theologisch keine zentrale Rolle mehr.
WRS: Sie legen also keinen besonderen Wert auf den »Mann« Jesus, sondern auf den »Menschen« Jesus?
ESF: Ich lege Wert darauf, daß wir über Jesus nur etwas wissen, weil es Frauen und Männer gegeben hat, die ihm nachgefolgt sind,

und die sich erinnert haben. Sie haben uns weitererzählt, was für sie wichtig war. Von daher ist Nachfolge Jesu für mich nicht Nachahmung Jesu. Mit anderen Worten: Frauen müssen nicht Männer werden, um Jesus nachzufolgen. Nachfolge Jesu heißt für mich, in die Praxis und in die Vision einzutreten, die Jesus und seine ersten Jüngerinnen und Jünger bewegt hat.

WRS: Welcher Aspekt ist in dieser ältesten und ersten Tradition, in der Jesus und seine Bewegung dicht beieinanderliegen, besonders wichtig? Welche Vision ist für Sie die stärkste in der frühen Traditionsschicht über die historische Gestalt?

ESF: Für mich ist exegetisch der wichtigste Blickpunkt Jesu in der Reich-Gottes-Verkündung angesagt. »Reich Gottes« heißt »erneuerte Schöpfung«, eine Schöpfung und eine Welt, die offen ist für alle und für jeden. Von daher steht Jesus in einer Bewegung, die eine erneuerte, andere Welt wirklich will und anstoßen möchte. Von daher habe ich versucht, die Geschichten über Jesus und seine Worte – etwa in der Bergpredigt – als Erinnerungen von Frauen und Männern zu verstehen. Hier sind Erinnerungen lebendig, die von einer Welt sprechen, die Heil-Sein und Wohlergehen aller Menschen ohne Ausnahme ermöglicht. Die Nachfolgegemeinschaft Jesu sagt dies nicht nur an, sondern verwirklicht das auch in Zeichen und Handlungen.

WRS: Dieser neue Weg, die neue Schöpfung, das Reich Gottes, war eine sehr radikale Position – zumindest wurde sie so erlebt. Ist das eine Radikalität auf dem Hintergrund des jüdischen Denkens und Fühlens, oder ist es eher eine Radikalität, die sich gegen etwas anderes richtet?

ESF: Ich möchte betonen, daß ich von der *erneuerten* Schöpfung, nicht von der *neuen* Schöpfung spreche. In der ökologischen Debatte wird so leicht die apokalyptische Verkündigung benutzt, um die Verantwortung für die Erde abzutun. Man glaubt, daß unsere alte Welt sowieso zugrunde geht. Da Gott sie zerstört und neu macht, müssen wir uns nicht um sie sorgen. Deshalb betone ich, daß es dieselbe Schöpfung, unsere Erde ist, die neu und anders geordnet vorgestellt wird. Die *erneuerte* Schöpfung ist als Reich-Gottes-Verkündigung und Praxis ein politischer Begriff und zugleich eine sehr jüdische Vision.

Ich möchte Jesus und die Jesusbewegung als eine innerjüdische Erneuerungsbewegung verstehen. Gewöhnlich versteht man die Radikalität Jesu und die seiner Bewegung im Gegensatz zum Judentum. Doch haben jüdische Feministinnen wie Judith Plakow oder Susannah Heschel christliche Feministinnen zu Recht angeklagt, mit solch einer Konzeption den herrschenden christlichen Antijudaismus und Antisemitismus weiterzuschreiben. Ich bin sehr darum besorgt, daß wir das nicht tun. Wenn das Judentum keine Vision und keine Vorstellung davon gehabt hätte, daß das Heil-Sein allen zugesagt ist, dann hätte Jesus diese Sicht auch nicht haben können. Dann hätten die ersten Nachfolgerinnen und Nachfolger Jesu davon auch nichts erfahren können.

Die Jesusbewegung ist nur denkbar im theologischen Kontext des Judentums. Sie muß verstanden werden wie andere jüdische Erneuerungsbewegungen der Zeit damals auch. Das gilt besonders für die Bewegung der Pharisäer, die in christlichen Kreisen eine schlechte Presse haben. Daß Judentum und Christentum sich zu zwei verschiedenen Religionen entwickelt haben, ist eine spätere Folge.

WRS: Diese jesuanische Erneuerungsbewegung war eine prophetische Bewegung. Wie haben Frauen, die in diesen Umkreis kamen, die Jesus gehört oder sich der Jesusbewegung angeschlossen haben. Wie haben damals Frauen das erlebt?

ESF: Wie Sie wissen, haben wir nur sehr wenig Quellenmaterial von Frauen und sehr wenige Texte, die direkt über jüdische Frauen sprechen. Die meisten Texte sind aus späterer Zeit. Es sind oft Gesetzestexte, sogenannte rabbinische Vorschriften. Ich habe versucht, z. B. das Buch Judith so zu lesen, daß es uns etwas über Frauen im 1. Jahrhundert im Judentum erzählt, um unsere historische Vorstellungswelt zu bereichern.

Von den Evangelien wissen wir, daß Jesus Jüngerinnen gehabt hat. Die bekannteste davon ist Maria von Magdala. Und wir wissen, daß jüdische Frauen Jesus nachgefolgt sind in Galiläa, daß Frauen unter dem Kreuz standen und daß Frauen die ersten Zeuginnen der Auferstehung wurden. Texte, die viel später geschrieben und uns überliefert wurden, belegen diese Tatsachen immer noch. Ich denke, weil das immer noch historisch faßbar ist,

haben Frauen in der Jesusbewegung eine viel größere Rolle gespielt, als es uns die neutestamentliche Wissenschaft lange zu glauben gelehrt hat.
WRS: Warum konnte es aus dem christlichen Allgemeinbewußtsein so völlig verschwinden, daß Frauen in der Nähe Jesu und in der ursprünglichen Tradition offensichtlich eine größere Bedeutung hatten, als das üblicherweise wahrgenommen wird?
ESF: Dafür gibt es wahrscheinlich mehrere Gründe. Ein Grund ist, daß die Schriften, die wir jetzt im Kanon als Neues Testament haben, zwischen dem 2. und 5. Jahrhundert gesammelt wurden. Das war die Zeit, in der auch die Zurückdrängung von Frauen aus kirchlichen Führungs- und Leitungsämtern in der Großkirche vor sich ging. Von daher wurden Texte ausgewählt und in den Kanon aufgenommen, die diesem Entwicklungsvorgang entsprachen. So wurden z. B. die Akten von Thekla lange in der frühen Kirche als kanonisch angesehen, aber sie wurden später dann doch nicht in den Kanon aufgenommen.

Zweitens wissen wir, daß andere christliche Richtungen, die dann später nicht zur Großkirche gezählt wurden, von den sogenannten Kirchen-»Vätern« angegriffen wurden, weil bei ihnen Frauen zu viel zu sagen und Leitungsvollmacht hatten. Christliche Gruppen, die nicht zur Großkirche gehörten, hatten oft sehr viel länger als die Großkirche Frauen leitend in ihrer Mitte. Nicht nur feministische Theologie, sondern auch andere Befreiungstheologien haben immer wieder hervorgehoben, daß die Großkirche als Römische Reichskirche daran interessiert war, die traditionellen patriarchalen Vorstellungen und Werte des Römischen Reiches anzunehmen und zu institutionalisieren. Deshalb war Frauenführung und Frauenleitung nicht gefragt. Natürlich kommt auch noch die Klerikalisierung der Kirche hinzu, die das urchristliche prophetische Selbstverständnis auf die Hierarchie übertrug.
WRS: Ich will nocheinmal zurück zu dieser frühen und ältesten Stufe. Sie sprechen von einer Weisheitstheologie, die diese frühe Tradition sehr stark auszeichnet. Weisheit als Sophia, ja als eine Art Göttin. Was kennzeichnet eigentlich diese frühe Jesustradition – Jesus innerhalb einer Weisheitstheologie?
ESF: Ich habe in meinem Buch »Zu ihrem Gedächtnis« eine

theologische Rekonstruktion versucht, die die weisheitstheologischen Wurzeln freizulegen sucht. Da das Problem eines männlichen Gottes und eines männlichen Gottesbildes sehr stark im Zentrum feministischer Theologie steht, war mir daran gelegen, Traditionen freizulegen, die nicht patriarchal von Gott reden – von Gott als Mann. Eine dieser Traditionen, die exegetisch lang bekannt aber nicht allgemein theologisch bewußt ist, ist die Weisheitstheologie. Die Weisheitstradition hat eine lange Geschichte in Israel. Besonders im Zuge der Hellenisierung im 3. und 2. Jahrhundert vor unserer Zeitrechnung werden Sprachtraditionen integriert, die auf den Gott Israels Namen und Züge von Göttinnen übertragen. Die Weisheit wird als eine Figur verstanden, die vielleicht der Göttin Isis nachgebildet ist. Die biblische Wissenschaft hat dies damit zu erklären versucht, daß in Ägypten lebende jüdische Menschen nach einer Gottessprache suchten, die die religiöse Imagination ihrer Kultur ansprach. Solche Weisheitstheologie ist noch in den frühesten Evangelientraditionen greifbar.

WRS: Wo zum Beispiel?

ESF: Sie finden das etwa im Lukas-Evangelium Kapitel 7, in der ältesten Schicht der Logienquelle, wo von Jesus und dem Täufer als Propheten der Weisheit, als Gesandten der Weisheit gesprochen wird.

WRS: Und welche Inhalte sind damit verbunden?

ESF: Die frühesten Jesustraditionen stellen Jesus in eine lange Reihe von Propheten und Prophetinnen. Frühchristliche Gruppen wie z. B. die Montanisten haben sich noch lange auf die prophetische Tradition und Sukzession berufen. Vielleicht hat nicht nur die älteste Jesustradition, sondern auch Jesus sich selbst zusammen mit dem Täufer in einer langen Tradition von Prophetinnen und Propheten gesehen. Theologisch wichtig ist, daß die Weisheitstheologie uns Zugang zu einer Gottessprache und Christologie eröffnet, die die Sprache und Tradition der Göttin benutzt. Da gnostische Theologie diese Sprache im Sinne dualistischer Theologie weiterentwickelt hat, finden wir nur noch Spuren davon in unseren kanonischen Texten.

Mir scheint wichtig zu sein, daß wir die Sprache von der göttlichen Weisheit theologisch wiederentdecken um auszudrükken, daß der/die/das christliche Gott nicht ein Mann, sondern weder männlich noch weiblich ist. Die göttliche Wirklichkeit kann nicht mit unserer Sprache adäquat ausgedrückt werden. Natürlich war die jüdische Jesusbewegung monotheistisch, doch haben sie von Gott nicht nur in männlicher Sprache gesprochen. Nach sehr alter Tradition war der Gott Jesu die göttliche Weisheit. Auf einer späteren Stufe der Tradition wurde dann Jesus selbst mit der göttlichen Weisheit identifiziert.

WRS: Inhaltlich gehört zur Weisheitssprache, daß dort nicht von einem strafenden und einem sühnenden Gott gesprochen wird, sondern mehr von einer gebenden und einer schenkenden Kraft. Sehe ich das richtig?

ESF: Ja, die Weisheitstradition ist nicht mit der Opfertradition verbunden. Sie kennt nicht den Tod Jesu als Opfer, das Gott verlangt hat, um versöhnt zu werden. Die Rede vom Sühnetod Jesu ist zwar eine alte Tradition, aber sie gehört nicht in jene frühe Weisheit-Jesustradition. Hier wird der Tod Jesu als politischer Tod verstanden und nicht als Opfertod. Falls die Weisheitstradition das Selbstverständnis Jesu beeinflußt hat, gehören Weisheitstraditionen und Schöpfungstradition zusammen. Es gilt, was ich vorher über die Gottes-Reich-Verkündigung gesagt habe: das heilende und Heil schaffende Wirken Jesu ist aus diesem Kontext zu verstehen.

WRS: An wen hat sich diese Heil-schaffende Vision der Reich-Gottes-Sicht Jesu besonders gerichtet? Das damalige Palästina war ja in einer sehr schwierigen politischen Lage.

ESF: Die meisten Exegeten sind sich darüber einig, daß es eine der Hauptmerkmale der Jesusbewegung war, sich an die Armen und die Bettelarmen zu wenden, an solche, die nach dem kultischen Gesetz unrein und ausgeschlossen waren, an die Kranken, die Besessenen und – wie eine alte Tradition sagt – an die Sünder und die Prostituierten, an all die, die damals nicht dazugehört haben.

WRS: Sie sprechen in Ihrem Buch von einem radikalen, nicht familienorientierten Lebensstil und Ethos der Jesusbewegung. Können Sie das etwas erklären, was dieses »a-familiale Ethos« ist?

ESF: Verschiedene Stellen in den Evangelien betonen, daß alle und nicht nur eine bestimmte Gruppe, Haus, Hof, Eltern und

Geschwister verlassen sollen. Soweit wir noch sehen, ist in diesen Texten klar davon die Rede, daß die Nachfolgegemeinschaft Jesu sich als neue Familie verstanden hat. Um der Nachfolge-Familie anzugehören, mußten sie mit der traditionellen patriarchalen Familienordnung brechen. Wenn ich von einem a-familialen Ethos der Jesusbewegung spreche, verstehe ich die Jesusgruppe im Kontrast zur patriarchalen Großfamilie. Die Jesusbewegung ist eine familiale Gemeinschaft, die sich nicht auf patriarchale Rechte und Blutsbande stützt. Es ist wichtig, daß wir das in den ältesten Evangelientraditionen finden. Diese Traditionen sagen ganz ausdrücklich, daß es in dieser Nachfolge-Familie keine Väter gibt. Wenn Menschen ihre Familien, Haus und Hof verlassen, so heißt es, werden sie das alles zurückerhalten: Geschwister, Mütter, aber keine Väter.

WRS: Noch eine Frage zur Verkündigung des Vaternamens durch Jesus. Später wurde Gott »als Vater« oft zur Legitimierung und Rechtfertigung eines patriarchalischen Verständnisses des Christentums ausgelegt. Wie kann »Abba-lieber Vater« in seiner ursprünglichen Form verstanden werden?

ESF: Die Frage ist immer, wie Gottessprache in einem sozialen Legitimationszusammenhang wirkt. Feministische Theologie hat den Vaternamen und die männliche Sprache in Frage gestellt, weil sie patriarchale Familie, Gesellschaft und Kirche – und damit männliche Herrschaft – legitimieren. Wir finden ja auch andere Titel für Gott in der Bibel, wie etwa König, die wir heute nicht mehr wie im letzten Jahrhundert benutzen, um monarchische Gesellschaftsstrukturen zu legitimieren. Der gesellschaftliche Funktionszusammenhang ist wichtig. Die Exegese hat schon lange darauf hingewiesen, daß »Abba« von Jesus wie ein Kosename für Gott gebraucht wird und von daher kein patriarchaler Titel ist. Wenn jedoch dann behauptet wird, daß Jesus diesen Titel im Gegensatz zum Judentum benutzt hat, wird es falsch. Ich erinnere an eine Stelle im Matthäus-Evangelium. Dort heißt es, daß sich niemand von den Jüngern auf Erden Vater nennen lassen soll, weil es nur *einen* Vater gibt, nämlich Gott. Wenn wir diesem Text gefolgt wären und sich niemand auf Erden »Vater« nennen würde, dann wäre der Vatertitel für Gott keine Schwierigkeit, weil die kritische Spitze, die dieser Text hat, verwirklicht worden wäre. Wir wissen alle, daß das nicht der Fall ist. Vielmehr wurde gepredigt, weil Gott im Himmel Vater ist, deshalb gibt es hier auf Erden Väter und deshalb schulden wir diesen Vätern Gehorsam. Die kritische Spitze dieses Textes muß wiedergewonnen werden. Sie ist ein Ausdruck der Jesusbewegung, die Geschwister, Brüder und Schwestern und auch Mütter, aber keine Väter kennt.

WRS: Kann man dann sagen, daß die frühe Jesusbewegung eine grundsätzliche Kritik an der Vorstellung von Herrschaft ausdrückte?

ESF: Ich habe versucht zu zeigen, daß die frühe Jesusbewegung und die frühen Texte, die wir haben, eine grundsätzliche Kritik nicht nur an der patriarchalen Familie sind, sondern an allem Patriarchalen. Und ich präzisiere das, indem ich sage, es ist eine Kritik an *Herr*schaft. Wichtig ist dabei, welche *Herr*schaft gemeint ist. Es ist die Vaterherrschaft im griechisch-römischen Sinne, wo der Vater Macht über Leben und Tod hatte und absoluten Gehorsam verlangen konnte. Wir haben andere Texte, die klar sagen, daß die Beziehungen in der Jesusbewegung anders geordnet sein müssen. Nach ihnen darf es unter den jeweiligen Jüngern Jesu niemanden geben, der *Herr* ist, der *Herr*schaft ausübt. Die Leitenden und die Führenden sollen alle wie die Niedrigsten in der patriarchalen Herrschaftspyramide sein. Von daher ist es wichtig, den Dienstgedanken kritisch zu betrachten. Ihn hat die Kirche sehr nachdrücklich ausgearbeitet und immer denen gepredigt, die nach ihrer sozialen gesellschaftlichen Stellung als Frauen und Sklaven die Untergeordneten waren. Sie mußten dann wieder Dienstleistungen im Namen Gottes verrichten. In der Jesusbewegung wird es gerade umgekehrt gesagt. Solche, die Herrschaftstitel und Macht besitzen, sollen ihre Machtansprüche aufgeben und Dienerinnen und Diener aller sein. Es findet eine Umkehrung oder eine Transformation von Herrschaft statt. Deshalb muß die Jesusbewegung als eine Nachfolgegemeinschaft von Gleichgestellten oder Gleichrangigen verstanden werden, was nicht heißt, daß die alle dasselbe waren. Es gab verschiedene Leitungsaufgaben, aber damit waren nicht Herrschaftsfunktionen verbunden.

WRS: Bezieht sich die Kritik am Herrschaftsbegriff ausschließlich

auf Verhältnisse zwischenmenschlicher Art, oder läßt sich auch von den alten Texten her zumindest vermuten, Kritik an Herrschaft beziehe sich auf menschliche Herrschaft über das nichtmenschliche Leben und die Natur?
ESF: Da sich die Texte zuerst mit der innerjüdischen Gesellschaftssituation oder mit der innerkirchlichen Strukturierung befassen, gibt es diese Perspektive im Verhältnis zur Natur nicht ausdrücklich. Aber im Sinne der Vision der erneuerten Schöpfung würde ich sagen, daß sie ausgeweitet werden kann. Wir können die kritische Infragestellung von Herrschaft auf alle Verhältnisse anwenden, obwohl wir kein spezielles Wort haben, das sagt, ihr dürft die Tiere nicht beherrschen. Die Vision und Praxis der Jesusbewegung ist die der Gemeinschaft von Gleichgestellten. Das kleine Kind oder die Sklaven sind das Paradigma für diese Gemeinschaft. Die Sklavin und das Kind waren auf der untersten Stufe der Herrschaftspyramide. Wenn die unterste Stufe mit einbezogen ist, dürfen wir auch die Tiere und die Natur mit hineinnehmen. Aber diese Überlegungen finden wir nicht ausdrücklich im Neuen Testament.
WRS: Ist die Tradition einer Gemeinschaft von Gleichgestellten und einer Kritik von Herrschaft eigentlich vollständig verschwunden und kommt nun erst nach 2000 Jahren wieder hervor? Oder hat sie sich im religiösen Patriarchat während der Jahrhunderte immer versteckt?
ESF: Die Kritik an patriarchaler Herrschaft ging nicht verloren. Sie ist nicht von sich aus verstummt, sondern wurde bekämpft und unterdrückt. Insofern hat sich die frühe Kirche den patriarchalen Herrschaftsstrukturen ihrer Zeit angepaßt, hat sie Macht und Gewalt für sich beansprucht und ausgeübt. Ich meine damit die patriarchale Form von Kirche, die historisch gewonnen hat, die Männerkirche. Es gab aber durch alle Jahrhunderte hindurch immer wieder christliche Gruppen, die die Vision einer erneuerten Schöpfung, die Vision von Heil-Sein und Wohlergehen für alle, von der Nachfolge-Familie von Gleichgestellten immer wieder neu in die kirchliche Praxis umzusetzen suchten.

Wir sind heute geschichtlich vielleicht an einem Punkt angelangt, wo wir die Chance haben, Realität und Struktur von Kirche und Gemeinde neu im Sinne einer Nachfolge-Familie von Gleichgestellten zu bestimmen. Die alten patriarchalen Strukturen verändern sich und werden immer mehr gesellschaftlich abgebaut, obwohl es oft so aussieht, als ob sie sich verhärten. Doch lebt und kämpft eine christlich-feministische Theologie in der Hoffnung, daß die Praxis von Kirche als einer Nachfolgegemeinschaft von Gleichgestellten immer mehr Wirklichkeit wird, daß Tradition und Vision der Jesusbewegung innerhalb einer sich verändernden Kirche und Gesellschaft eine wirkkräftige Zukunft haben.

»Er war ein Rabbi in Israel«

Interview mit dem Religionsphilosophen Prof. D. Schalom Ben-Chorin, Jerusalem

Wolf-Rüdiger Schmidt: Herr Ben-Chorin, Jesus von Nazareth, die Gestalt, auf die sich die christliche Kirche in guten Zeiten und schlechten Tagen bezog, Jesus von Nazareth ist in diesem Jahrhundert von der jüdischen Theologie neu entdeckt worden. Sie selbst haben das Buch »Bruder Jesus« geschrieben und die neue Bewertung eine »Heimholung Jesu« genannt. Wie konnte es nach 1900 Jahren zu dieser Entwicklung kommen?
Schalom Ben-Chorin: Als die Mauern des Ghettos gefallen waren und im Akte der Emanzipation die Juden sozusagen zu Zeitgenossen wurden, hat sich auch ein Dialog – wenn auch sehr einseitig – mit der Kirche angebahnt. Aus apologetischen Gründen haben Ende des 19. Jahrhunderts jüdische Theologen die Gestalt Jesu neu darzustellen versucht, was unter der kirchlichen Zensur gar nicht möglich war. Aber die große Wende tritt 1922 ein. Da schreibt Josef Klausner ein Buch »Jesus von Nazareth«, hier in Jerusalem in hebräischer Sprache. Er wurde drei Jahre später, nach der Gründung der hebräischen Universität, Professor für Geschichte des Zweiten Tempels und der neuen hebräischen Literatur. Aber er durfte noch keine Vorlesungen über Jesus halten. Das haben orthodoxe Spender der Universität aus England verunmöglicht. In diesem Buch »Jesus von Nazareth«, das auch in deutscher und englischer Übersetzung und in anderen Sprachen vorliegt, hatte Professor Josef Klausner als erster den Versuch unternommen, ein geschichtliches Jesusbild zu rekonstruieren, unter voller Berücksichtigung der jüdischen Quellen in der rabbinischen Überlieferung.

Nachdem nun Klausner den Weg freigelegt hat, kamen viele andere, darunter darf ich auch meinen eigenen Versuch »Bruder Jesus – der Nazarener in jüdischer Sicht« erwähnen. Und dieser

Prozeß der Heimholung Jesu hat nicht an der theologischen und historischen Sphäre haltgemacht, sondern sich auf Dichtung, auf den Roman, auf die epische Darstellung verschiedener Sprachen erstreckt. Ich möchte zwei Beispiele nennen: In jiddischer Sprache von Schalom Ben Asch »Der Nazarener«, ein großer historischer Roman, und »Der Meister« von Max Brod, hier im Lande deutsch geschrieben. Das sind Beispiele einer epischen Bewältigung des Themas aus jüdischer Sicht.

WRS: Sie sagen, daß der historische Hintergrund und die Erkenntnis des Historischen eine große, vielleicht sogar *die* herausragende Rolle bei der Neubewertung Jesu gespielt hat. Diese Sicht steht ein Stück gegen das christliche Empfinden, auch in diesem Jahrhundert. Hier hatte man zunächst kein allzu großes Vertrauen in die historischen Quellen bei der Rückfrage nach dem historischen Jesus. Kann man sagen, daß die Christen von den Juden etwas mehr Vertrauen in die Verläßlichkeit der Quellen gelernt haben?

SBC: Ich weiß nicht, ob man es so sagen kann. Aber die dogmatischen Blockierungen, die es für christliche Theologen – ich denke hier etwa an Karl Barth und seine Richtung – gab, fiel für jüdische Historiker und Theologen von Anfang an weg. Und deshalb konnten wir leichter an die historische Frage herantreten. Dabei war es allerdings klar, daß kein Autor, weder Christ noch Jude, ein »Leben Jesu« schreiben kann. Dazu fehlen in den Quellen die nötigen Materialien. Aber die Gestalt kann rekonstruiert werden, und dies vor allem im Rahmen der jüdischen Umwelt Jesu.

WRS: Und diese jüdische Umwelt erkennt man in den letzten 30, 40 Jahren sehr viel deutlicher. Der Hintergrund erhellt die Gestalt.

SBC: Man erkennt die Umwelt Jesu wirklich in den letzten 30, 40 Jahren dadurch deutlicher, daß wir zu den bisherigen Quellen eine weitere haben. Ich denke an die Schriftrollen von Qumran vom Toten Meer. Vieles in den Rollen von Qumran stammt von essenisch-monastischen Gruppen. Sie erleuchten Etliches im Leben und in der Lehre Jesu.

Wenn Jesus zum Beispiel in der Bergpredigt sagt »Ihr habt gehört, daß ihr den Nächsten lieben aber den Feind hassen sollt«, hat man sich immer gefragt, woher kommt denn das? Nirgends in der hebräischen Bibel, im Alten Testament, wird der Feindeshaß geboten. Aber wenn man jetzt genauer hinsieht, dann fällt einem zunächst auf, daß Jesus sagt, »Ihr habt gehört«, – nicht – »Ihr habt gelesen«. Ihr habt nämlich von Qumran gehört, daß es dort in der Rolle »Der Kampf der Söhne des Lichtes gegen die Söhne der Finsternis« heißt, »Ihr sollt die Teufelssöhne der Finsternis hassen«. Da wird der Feindeshaß geboren. Oder an einer anderen Stelle in der Bergpredigt heißt es »Selig sind die Armen im Geiste, denn ihrer ist das Reich Gottes«. Wer sind denn diese Armen im Geiste? Sind denn das die geistig Minderwertigen und Debilen? Es wäre ganz falsch, dies anzunehmen. Aber aus den Rollen vom Toten Meer wissen wir jetzt, daß es dort Menschen gab, die um des Geistes willen arm geblieben sind.

Hier sehe ich ein franziskanisches Ideal, lange vor dem Christentum. Und so wissen wir durch die Rollen vom Toten Meer heute etwas mehr von der Umwelt und dem Hintergrund der Gestalt Jesu.

WRS: Sind das schon Hinweise auf Kerngedanken des Mannes Jesus? Die Feindesliebe? Die Nähe zu den geistig Armen, zu den Sanftmütigen und Friedfertigen?

SBC: Da haben wir schon ein Stück des Kerngedankens, den wir wohl ganz einfach so umschreiben können: Stern und Kern der Botschaft Jesu ist die Liebe, und zwar die Liebe zu Gott und die Liebe zum Nächsten. Und ich möchte hinzufügen: die Liebe zum Fernsten. All das hat Jesus nicht als etwas Neues in die Welt gesetzt, sondern aus der Thora, den fünf Büchern Mose, zitiert. Etwa aus dem Deuteronomium »Du sollst den Herrn, deinen Gott lieben, von ganzem Herzen, ganzer Seele und mit all deiner Kraft« und aus dem dritten Buch Mose »Liebe deinen Nächsten, er ist wie Du«. Und da hat man eingewandt, ja, aber hier steht nur der Begriff »Volksgenosse«. Das stimmt, aber sechzehn Verse weiter steht: »Du sollst den Fremdling lieben, denn ihr wart Fremdlinge im Land Äygpten«. Dieses doppelte Liebesgebot, Gott und den Menschen zu lieben, stellt Jesus von Nazareth in den Mittelpunkt seiner Verkündigung. Ich möchte sagen, er hat uns in Lehre und Leben gezeigt und vorgelebt, wie dieses doppelte Liebesgebot zu verwirklichen ist. Damit steht Jesus für mich in der großen Linie und Reihe der bedeutenden Lehrer Israels. Er ist für mich der

Rabbi von Nazareth, nicht der Messias. Denn die Welt ist unerlöst geblieben nach seinem Opfergang nach Golgatha. Er ist nicht die zweite Person einer göttlichen Trinität. Gottvater, Sohn und Heiliger Geist – diese Vorstellung ist dem Judentum völlig fremd. Wir bleiben bei der monotheistischen Satzung: »Höre Israel, der Herr, unser Gott, ist *einer«*, und dieser eine Gott, dieser *einzige* Gott, kann im Judentum nicht in eine Trinität umgedeutet werden.

So steht Jesus als der Bruder für mich in der großen Reihe der Lehrer Israels. In diesem Sinne möchte ich auch sagen, daß ich mich um eine Nachfolge bemühe.

WRS: Gibt es denn etwas an dieser historischen Gestalt – wir sprechen jetzt nicht über die christliche Deutung in der späteren Zeit –, was dem Judentum der damaligen Zeit fremd war oder etwas völlig Neues darstellte?

SBC: Es gibt manche Verhaltensweisen Jesu, die sicher fremd oder befremdlich gewirkt haben, aber es gibt nichts, was grundsätzlich nicht mit dem Judentum seiner Zeit vereinbar gewesen wäre. Befremdlich war für seine pharisäischen Kollegen, daß er mit Zöllnern und Sündern, mit Dirnen und asozialen Elementen in nahe Berührung trat. Aber er hat das ja so schön erklärt, wenn er sagt: »Nicht die Gesunden, die Kranken bedürfen des Arztes.« Und er wendet sich dem Erniedrigten und Beleidigten zu. Das hat sicher auf manche seiner Zeitgenossen sehr befremdlich gewirkt. Auch seine Beziehung zu Frauen zählt dazu, die weit über das hinausgeht, was wir sonst von einem Rabbi in Israel in dieser Zeit wissen. Denn es sind ja nicht nur dienende Frauen, sondern auch Jüngerinnen wie Maria Magdalena, die erste Zeugin der Auferstehung nach dem Johannes-Evangelium, die sich um diesen Lehrer in Israel scharen. So ist manches an ihm für die Zeitgenossen befremdlich gewesen. Aber nichts ist grundsätzlich mit dem Judentum unvereinbar.

WRS: War dieser Lehrer in Israel auch so etwas wie ein Chassid, ein Frommer, wie er in der Geschichte des Judentums immer wieder auftaucht?

SBC: Sehr richtig. Der Chassidismus, im 18. Jahrhundert von Rabbi Israel Baal-Schem-Tow begründet, wirkt eigentlich wie ein Aufleben des Urchristentums. Dieser Rabbi Jesus, der umherzieht mit seinen Jüngern, der dem Wein zugetan ist und keineswegs asketisch lebt, sondern dem Herrn in Freude dienen will, wie es im hundertsten Psalm so schön heißt – »Dienet dem Herrn in Freuden« –, all das macht ihn sozusagen zum unbewußten Ahnherrn des Chassidismus. Unbewußt! Denn dem Chassidismus war eine Verbindung mit dem Urchristentum völlig fremd. Sie kannten das Christentum nur in der Form des kirchlich-katholisch-polnischen Christentums der Umgebung.

WRS: Warum ist dieser Rabbi, dieser Lehrer Israels nach Jerusalem gezogen? In der Voraussicht, auch als politischer Gegner der Römer dort wirken zu können? Sah er sein Scheitern voraus? Er hätte ja auch in Galiläa bleiben können?

SBC: Er hätte in Galiläa bleiben können, aber er folgte dem Rufe des Gesetzes, indem er die Wallfahrt nach Jerusalem zum Passahfest antrat. Und ich mache Sie darauf aufmerksam, nach dem Johannes-Evangelium ist er auch zum Laubhüttenfest nach Jerusalem gekommen und zum Tempelweihefest. Also ist er ein Pilger. Die Pilgerfahrt zum Passahfest ist schon aus seinen Kindertagen bekannt. Die Erzählung von 12jährigen Jesus im Tempel spielt sich ja auch zum Passahfest ab. Nun ist es aber deutlich, daß dieser Einzug in Jerusalem am Palmsonntag vom Volke anders interpretiert wurde. Jesus hat sich nie als Messias proklamiert. Er wurde vielmehr als der Sohn Davids freudig begrüßt. Er kommt nach Jerusalem, um hier in der Öffentlichkeit wirken zu können. Seine Jünger bestärken ihn darin und sagen, er müsse sich in Jerusalem offenbaren. Und so stellt sich uns die Frage: Siegeszug oder Opfergang? Das Schicksal will es dann, daß es Siegeszug und Opfergang ist.

WRS: Es kommt zu einer Verurteilung. Die christlichen Quellen, die Evangelien, haben offensichtlich ein Interesse daran, daß es die Juden sind, die Jesus verurteilen, nicht die Römer. Wie sehen Sie das historisch?

SBC: Das läßt sich leicht erklären. Die Evangelien sind dreißig bis neunzig Jahre nach dem Tode Jesu in ihrer endgültigen Form entstanden. Damals haben bereits die ersten christlichen Gemeinden mit steigendem Erfolg versucht, sich im römischen Reich zu integrieren. Es war nötig, die Gestalt des Pilatus, der ja eigentlich das Urteil der Kreuzigung aussprach, und die römische Soldateska, die diese Kreuzigung durchführte, in einer entsprechenden Weise zu entlasten. Wenn entlastet wird, muß auf der anderen Seite belastet werden. Wer wird belastet? Das Synedrion der Juden, der Hohe Rat. Sie werden als diejenigen dargestellt, die diesen Unruhestifter beseitigen wollen. Und dazu kommt im Matthäus-Evangelium das furchtbare Wort »Sein Blut komme über uns und unsere Kinder«. Es kommt in den vier Evangelien nur bei Matthäus vor. Wenn es überhaupt gefallen ist, dann war es der Ruf einer verhetzten Menge vor Pilatus, wahrscheinlich eines bezahlten Haufens, der den Volkszorn, wir kennen ja dieses Wort, darzustellen hatte. Aber damit das ganze Volk von Jerusalem oder von ganz Israel zu belasten, gar die Juden durch alle Jahrhunderte hindurch, ist eine furchtbare Untat. Dies gilt um so mehr, wenn man den theologischen Sinn dieses Ausspruchs versteht. Jesus sagt am Kreuz noch »Vater, vergib ihnen, denn sie wissen nicht, was sie tun«. Sie wissen nicht, was sie tun. Sie berufen das Blut, das zur Versöhnung für viele vergossen wird, auf sich herab. Und, theologisch gesehen, wird die Selbstverfluchung durch Jesu Wort eigentlich zur entsühnenden Geste. Das wurde über die Jahrhunderte hinweg übersehen, und man hat unter dem Ruf »Sein Blut komme über uns und unsere Kinder« dann in allen Jahrhunderten Pogrome inszeniert.

WRS: Insgesamt verändert die historische Arbeit auch theologische Perspektiven. Es ist etwas in Bewegung gekommen im neuen Verständnis der historischen Gestalt. Wo könnte in Zukunft die gemeinsame Perspektive von Juden und Christen in einem erweiterten Verständnis der Person des Jesus von Nazareth liegen?

SBC: Ich meine, wenn Juden und Christen gemeinsam versuchen, diese Gestalt in den Blick zu bekommen, dann wird uns klar, wie eng Judentum und Christentum von der Wurzel her zusammenhängen. Es ist nicht genug zu wissen, daß Jesus von Nazareth ein Jude war. Das wissen nun die meisten Christen, wenn auch keineswegs alle. Sondern daß er ein Rabbi in Israel war, bestimmt die neue Sicht. Daß er versucht hat, nicht eine neue Religion zu stiften, sondern eine Revolution der Herzen in Israel zu eröffnen. Durch Paulus wird dann das, was Jesus von Nazareth zur inneren Erneuerung Israels gesprochen und getan hat, als Botschaft in die Völkerwelt getragen.

Literatur zum Weiterlesen

Das Folgende ist eine Auswahl. Die Literatur zur Jesusfrage ist unübersehbar. Die angegebenen Titel kommen deshalb aus einer sehr subjektiven Perspektive. Sie wollen eine Anregung zum Weiterlesen geben. Umfassende Literatur zur Jesusforschung zwischen 1950 und 1988 finden sich in der Zeitschrift »Theologische Rundschau«, dort zuletzt:
Jesusforschung seit 1981, von Georg Kümmel,
Band 53 (1988) S. 229 ff.
Band 54 (1989) S. 1 ff.

Grundlagen

Günter Bornkamm: Jesus von Nazareth, Stuttgart 1983 (Erstausgabe 1956).
Herbert Braun: Jesus. Der Mann aus Nazareth und seine Zeit, Stuttgart 1984 (Erstausgabe 1959).
Willibald Bösen: Galiläa als Lebensraum und Wirkungsfeld Jesu. Freiburg 1985 (Umfassende und pädagogisch aufgebaute zeitgeschichtliche und theologische Untersuchung über das Galiläa Jesu).
Luise Schottroff, Wolfgang Stegemann: Jesus von Nazareth, Hoffnung der Armen, Stuttgart 1981.
Gerd Theißen: Der Schatten des Galiläers. Historische Jesusforschung in erzählender Form, München 1986.
Gerd Theißen: Soziologie der Jesusbewegung. Ein Beitrag zur Entstehungsgeschichte des Urchristentums, München 1988.
Hans Georg Pöhlmann: Wer war Jesus von Nazareth?, Gütersloh 1988.
Jürgen Becker u. a.: Die Anfänge des Christentums, Alte Welt und neue Hoffnung, Stuttgart 1987.
Josef Blank: Jesus von Nazareth. Geschichte und Relevanz, Freiburg 1988.
Rudolf Bultmann: Jesus, München 1964 (Erstausgabe 1926).

Albert Schweitzer: Geschichte der Leben-Jesu-Forschung, 9. Aufl., Tübingen 1984.
Manfred Baumotte (Hrsg): Die Frage nach dem historischen Jesus. Texte aus drei Jahrhunderten, Gütersloh 1984.
Elisabeth Schüssler-Fiorenza: Zu ihrem Gedächtnis. Eine feministisch-theologische Rekonstruktion der christlichen Ursprünge, München 1988.

Aus jüdischer Sicht

David Flusser: Entdeckungen im Neuen Testament, Band 1, Jesusworte und ihre Überlieferungen, Neukirchen-Vluyn 1987.
David Flusser: Die letzten Tage Jesu in Jerusalem. Das Passionsgeschehen aus jüdischer Sicht. Bericht über neueste Forschungsergebnisse, Stuttgart 1982.
Schalom Ben-Chorin: Bruder Jesus, der Nazarener in jüdischer Sicht, München 1977.
Pinchas Lapide: Er predigte in ihren Synagogen, Gütersloh 1980.

Zur Archäologie

Volkmar Fritz: Einführung in die Biblische Archäologie, Darmstadt 1985.
H. Donner: Geschichte des Volkes Israel und seiner Nachbarn in Grundzügen, 2 Bände, Göttingen 1984/86.
H. M. Kenyon: Archäologie im Heiligen Land, Neukirchen-Vluyn 1976.
Meir Ben-Dov: In the Shadow of the Temple, Jerusalem 1985.
Peter Connolly: Living in the time of Jesus of Nazareth, Oxford 1983.
Walter Bühlmann: Wie Jesus lebte vor 2000 Jahren in Palästina. Wohnen, essen, arbeiten, reisen, Luzern 1987.
Stanislao Loffreda: Caphernaum. The Town of Jesus, Jerusalem 1984.
Edward Noort: Biblisch-archäologische Hermeneutik und alttestamentliche Exegese, Kampen 1986.
Yigal Yadin: The Temple Scroll. The Hidden Law of the Dead Sea, Jerusalem 1985.